# Le Leader Authentique

**Philippe Soullier et les associés Valtus,**
**en collaboration avec François Le Brun**

# Le Leader Authentique

## 50 dirigeants d'ETI européennes partagent leurs secrets

LES ÉDITIONS DU NET
126, rue du Landy 93400 St Ouen

ISBN : 978-2-312-12548-0

# Préface

Les témoignages recueillis dans ce livre ont provoqué une telle résonance en moi que je le préface bien volontiers. J'ai retrouvé des expériences de leadership en tandem. J'ai mesuré, dans plusieurs exemples, les bienfaits du collectif. J'ai apprécié la pratique sincère d'attitudes comme l'humilité, l'écoute, la curiosité, la confiance, l'agilité, l'adaptabilité, la responsabilité, la persévérance, le sens, la mission. Tout cela fait écho avec notre aventure à La Redoute. Je dis bien notre, car nous aussi nous avons formé un duo de présidence, Éric Courteille et moi. Ce fut l'une des clés principales de notre succès. Pendant près de dix ans, nous avons tout fait ensemble. Nous ne nous répartissions pas les responsabilités. Nous n'avions pas chacun notre territoire. Nous posions nos regards complémentaires sur tous les sujets. Pendant toutes ces années, il n'y a pas eu, entre nous, la moindre épaisseur d'une feuille de papier à cigarette.

Nous étions donc un binôme, un homme et une femme. Est-ce à dire que nous unissions les deux formes, masculine et féminine, de management ? Je ne suis pas certaine qu'il existe une forme spécifiquement féminine d'assurer le leadership. D'autant qu'il est coutume d'associer aux femmes les émotions et aux hommes, la rationalité. Or, chez nous, c'est l'inverse. Éric est extraverti et latin, et donc davantage dans les émotions. Moi, je suis plutôt introvertie et de culture germanique, par conséquent, plus dans l'analyse et la retenue. Mais c'est très bien ainsi ! La complémentarité de nos caractères nous a permis de fonctionner avec des types de personnalités très différents.

De surcroît, en prévision des temps incertains qui s'annoncent, je dirais même que la formule de la co-direction est la mieux adaptée. D'abord, le tandem induit l'humilité. Il apprend à mettre son ego de côté. J'étais P. -D. G. depuis 2009. Quand Éric est arrivé, à la fin de 2013, je lui ai fait une place. Or, l'humilité sort renforcée des deux années que nous venons de vivre. Des phénomènes inédits comme la pandémie, le confinement planétaire et le télétravail généralisé se sont imposés à nous. Aucun dirigeant ne pouvait se référer à des expériences passées, ou à des enseignements reçus dans les grandes écoles. Rien de tout cela n'avait été pensé. Il n'y avait donc plus de place pour le dirigeant sachant, mais bien pour le leader apprenant.

Nous aussi, à la reprise de l'entreprise, nous avons vécu des crises successives, mais au moins, l'environnement économique était-il plus stable. Actuellement, tout bouge. La seule attitude qui vaille est d'être à l'écoute du monde, d'être agile, d'avoir la capacité d'accueillir les événements comme ils adviennent. Le constat vaut pour l'entreprise comme pour le dirigeant. Mais cette posture demande une telle dépense d'énergie ! À deux, la fatigue est divisée. Le stress aussi, et cela est stratégique.

On n'est pas créatif si l'on est stressé. Or, à La Redoute, l'imagination et la créativité ont toujours été indispensables. Comment, sinon, se renouveler en permanence auprès de ses clients ? Pour y parvenir, les collaborateurs doivent sentir l'air du temps. Cela suppose de la curiosité, de l'écoute. C'était d'ailleurs la cause principale de l'échec de La Redoute en 2009 : elle s'était repliée sur elle-même.

À l'inverse, le pilotage à deux incite à rester ouverts aux autres et au monde, il nous maintient en éveil et nous permet aussi de nous relayer quand l'un a besoin de reprendre son souffle. Surtout, le binôme possède cet atout formidable d'inciter à aller chercher le meilleur de nous-mêmes. Nous ne nous contentons plus de l'existant tel qu'il est, mais du réel amélioré, tel que la confrontation de nos idées nous le fait apparaître. Combien de fois nous nous sommes remis en question, combien de fois nous sommes allés à contre-courant ! Et puis, quand on est adepte de la gestion à deux, c'est que l'on est ouvert au collectif.

Or, si l'aventure de La Redoute peut être qualifiée de réussite, c'est bien parce que cette aventure a été collective. L'engagement des collaborateurs a été sans faille. Les équipes avaient une telle envie que l'entreprise survive ! L'envie, je sais bien que c'est un des mots clés du livre. J'y ajouterais pour ma part celui de fierté. Pour remettre l'entreprise sur les rails, nous disposions d'un atout majeur : son capital sympathie était incroyable, aussi bien chez les clients que chez les collaborateurs. Nous savions que nous pourrions compter sur eux. Certes, nous avons connu des moments difficiles, en particulier au moment du PSE. Mais notre actif était l'humain, pour reprendre l'expression d'un des dirigeants interviewés dans ce livre. Cela est resté vrai, et nous l'avons bien constaté au moment du confinement. Même les collaborateurs mis en chômage partiel téléphonaient pour demander ce qu'ils pouvaient faire pour l'entreprise.

Au début, nous nous étions posé la question de changer de nom. Nous ne l'avons pas fait, et bien nous en a pris. On ne change pas l'ADN d'une entreprise, mais on le recontextualise, comme le dit si bien une dirigeante dans le livre. L'ADN de La Redoute était d'être né en 1837 d'une filature de laine installée dans le quartier de La Redoute à Roubaix, puisque la ville était fortifiée. De là, s'est développée la vente à distance pour écouler les surstocks. La diversification dans le prêt-à-porter s'est imposée assez naturellement. Ensuite, le but est apparu d'équiper « la bonne ménagère ». La vente de meubles s'inscrivait dans cette logique. C'est de là que nous sommes repartis.

S'agissant de la contextualisation, nous avions raté le virage du digital. Ma première décision managériale a été d'emmener la totalité du codir dans la Silicon Valley, pour que chacun voie ce qu'est une « vraie » entreprise digitale, et comment elle travaille. Nous avons été reçus chez Orange Lab où nous avons reçu un conseil que je n'oublierai pas. Notre hôte nous a dit de devenir une « entreprise poreuse ». C'est-à-dire une organisation qui sait capter les informations venant de l'extérieur, mais qui est aussi capable d'en émettre, et de travailler en réseau en interne et avec d'autres entreprises, ce que traduira plus tard la création d'une *marketplace*.

Mais pour capter les signaux, encore faut-il s'en donner les moyens. Cela passe par la capacité d'écoute. Nous l'avons eue, et ce fut décisif pour nous. Instruite par l'expérience, je suis convaincue désormais que le leadership tient dans ce seul mot d'écoute. Je pars du principe que celui qui fait est celui qui sait. Combien de fois ai-je appris des problèmes, et découvert des solutions, en déjeunant à la cantine avec des équipes différentes. Les gens savent où ça bloque, et ils ont des idées pertinentes pour améliorer les choses.

Aujourd'hui, je peux dire que mes meilleures idées sont celles qui me sont venues en écoutant. Je ne donnerai qu'un exemple, mais il m'a tellement frappée ! Je me demande même s'il n'a pas changé le destin de l'entreprise. Nous avions institué un *sparing board*, comité composé de collaborateurs de moins de 35 ans. Réuni une fois par mois, il fixe lui-même l'ordre du jour, à charge pour lui de proposer ensuite des solutions aux problèmes qu'il a soulevés. J'ai toujours vu là un encouragement à se faire confiance.

Cela se passait en 2017. À ce moment-là, nous finalisions le projet de prise de participation, dans un premier temps, de 51 % du capital par le groupe Galeries Lafayette, en prélude au rachat des 49 % restants à la fin de 2021. C'est du reste ce qui s'est produit. À cette fin, nous avions écrit une stratégie, dont Éric et moi étions très fiers. Pour avoir un premier ressenti, nous avons montré notre document au *sparing board*. Nous n'avons pas été déçus ! « On n'y comprend rien. Vous employez un jargon qui n'appartient qu'à vous », telle fut la réaction spontanée de ses membres.

Les jeunes collaborateurs s'en sont emparés. Ils ont tout refait. D'abord, ils l'ont rebaptisé « le Forum des projets ». Ensuite, ils l'ont reformaté en différents documents, pour qu'il soit accessible au plus grand nombre. Enfin, ils l'ont rendu interactif. Le succès a été retentissant, car les collaborateurs se sont sentis écoutés, associés, reconnus, respectés.

Ce faisant, le *sparing board* avait contribué à casser les silos. Il avait permis à tous les collaborateurs de visualiser la chaîne globale, où chacun situait sa place. Collectivement, nous avons été meilleurs. Je me souviens de la rare fois où nous avons eu un point de désaccord, Éric et moi. Lui voulait s'entourer des meilleurs. Personnellement, je pressentais le mal que nous aurions à faire venir à Roubaix des X et des HEC. De fait, nous n'avons pas pu faire venir les meilleures individualités, mais nous avons obtenu le meilleur collectif dont nous puissions rêver, grâce à la complémentarité des forces et des faiblesses des uns et des autres.

Chacun s'est senti à sa place, parce que chacun avait sa place.

Mais on ne décrète pas ce sentiment mêlé de reconnaissance, de confiance, d'appartenance et de fierté. Il se construit patiemment : par les résultats tangibles (le rétablissement de l'entreprise a quand même pris dix ans), par la transparence, que je préfère à la sincérité. On dit ce qu'on fait, on fait ce qu'on a dit, et quand ça ne marche pas, on explique. Il s'obtient également par le choix des mots pour le dire.

Au début, dans le but de restaurer la confiance, nous avons multiplié les *roadshows*, par groupes de cent, sur un effectif total de 2 000 personnes. Pour rassurer les collaborateurs qui en avaient bien besoin, après le départ de l'actionnaire principal Kering, un plan social et un virage mal négocié dans le digital, nous avons utilisé ce que l'on peut appeler la parabole de l'arbre : celui-ci peut perdre ses feuilles, ces dernières changent de couleurs selon les saisons, mais le tronc demeure, ainsi que les racines. Et puis, un chêne reste un chêne. Il ne se transforme pas en bouleau ou en hêtre. Même quand tout bouge, certaines réalités demeurent pérennes, et cela rassure. Toutefois, nous constations un manque. Chacun sentait bien qu'un patrimoine était là, qu'il convenait de préserver, parce qu'il serait un contributeur déterminant à la réussite du projet. Mais cela irait encore mieux s'il était verbalisé. Nous avons fait appel à une psychologue et un sociologue qui ont procédé à une centaine d'interviews. Là aussi, les bienfaits sur les salariés ont été considérables. Le besoin de se sentir écouté est essentiel chez toute personne. Il ne faut jamais le sous-estimer.

Trois atomes primitifs sont ressortis de ces entretiens : La Redoute est créateur de tendances, tisseur de liens (ça tombait bien, vu son métier d'origine) et porteur d'influences (à travers la carte Kangourou, par exemple, ou *via* son engagement environnemental).

En 2013, les gens manquaient de responsabilisation, de transversalité et de culture client. La mise en forme du travail d'enquête a permis de donner un cap aux équipes, de faire en sorte qu'elles se sentent alignées. Elles se sont reconnues dans la mission ainsi définie pour l'entreprise : embellir la vie des familles.

Un second moyen de restaurer la confiance réside dans le partage. Nous avons voulu ouvrir le capital aux salariés. Sur les 2 000 collaborateurs, 1 300 nous ont suivis. Leur épargne était investie dans un FCP de reprise, lui-même logé dans le PEE. Chaque fois qu'ils achetaient des parts, nous abondions à 200 % le montant qu'ils consacraient. Mon grand regret dans cette aventure réside à ce niveau : les ouvriers n'ont été que 20 % à souscrire, alors que la proportion était massive chez les cadres. La participation des salariés au capital est pour moi essentielle. Elle crée un alignement de leurs intérêts avec ceux de l'entreprise. Elle rend encore plus naturelle la mise en pratique des attitudes et des valeurs de la maison, qui sont : la responsabilisation, la confiance, la curiosité, l'audace, la créativité, l'ambition et l'exigence, au sens du goût du travail bien fait, et de la recherche de la perfection dans le geste.

Tous ces efforts d'embarquer les équipes incombent au dirigeant. Longtemps, certains aspects de ce travail de mobilisation ont été dévolus aux DRH. L'un des nôtres nous a quittés en février 2020, quinze jours avant le début du confinement. À partir de cette date, j'ai assumé la fonction par intérim jusqu'au mois de juin. Force est d'admettre que le métier comporte des aspects très techniques, qui ne peuvent être maîtrisés que par ceux dont c'est le métier principal. Mais de plus en plus, la fonction de développement RH sera un attribut du directeur général ou du président.

Il en est de même de la communication. La fonction n'existait pas à La Redoute avant 2013. Nos premiers recrutements ont été ceux d'un directeur en la matière pour le corporate qui était aussi chargé de la communication interne. Les deux sont nécessaires pour faire en sorte que l'information interne soit crédibilisée par les articles journalistiques ou des reportages à la télévision. À certains moments stratégiques, nous avons pris la fonction en direct, car les outils du faire savoir étaient nos principaux alliés pour réussir la transformation. Ainsi, pour chaque projet d'entreprise, en 2015 et en 2018, nous éditions un petit livret. Simultanément, nous avions doté l'entreprise d'une plateforme digitale collaborative et d'un réseau social baptisé « R'Ways » en interne. Ces derniers nous ont été bien utiles pendant la pandémie. Pour être sûrs d'atteindre tout le monde, nous avons privilégié le mail. Parallèlement, nous avons institué sur les écrans une émission régulière avec quatre membres du codir. La session s'appelle « On R' » (comme Redoute).

Cette primauté donnée à l'humain ne fait pas forcément l'unanimité chez les dirigeants. En 2014, nous n'étions guère suivis. Je sais que dans la communauté financière, il y a des gérants de fonds d'investissement et des analystes qui considèrent que tout cela, c'est du « bullshit ». Je pense, au contraire, que nos efforts dans ce sens nous ont fait gagner deux années de transformation.

Mais il faut être clair. La bienveillance que nous exprimons correspond certes à nos valeurs, mais jamais nous n'avons oublié que nous devions payer les salaires à la fin du mois et qu'il nous fallait gagner plus d'argent que nous n'en dépensions. Notre attitude a été en quelque sorte un outil de productivité.

Quant à la dimension financière, nous sommes bien placés pour savoir l'importance de l'actionnaire. À l'origine de PPR, Pinault-Printemps-La Redoute, cette dernière était la machine à cash. L'actionnaire ayant décidé de se recentrer sur le luxe et le lifestyle, il a fait le choix de s'en séparer. Il nous l'a cédée pour un euro symbolique, mais non sans l'avoir recapitalisée à hauteur de 500 millions d'euros. Éric et moi, nous avons apporté chacun 200 000 euros. Mais sans les 500 millions, nous n'aurions rien pu entreprendre. Il est vrai aussi que nous aurions pu les dilapider. En tout cas, ils nous ont procuré une liberté qui nous a permis de concilier le temps court et le temps long. Ils nous ont donné le temps de créer cet esprit collectif qui rendra l'entreprise solide à l'avenir, quels que soient les événements qui pourraient se produire. Ils nous ont permis de restaurer la confiance et la fierté chez les collaborateurs, et d'entretenir la sympathie que la marque inspire auprès de ses clients.

À l'horizon 2030, La Redoute est prête à rencontrer les consommateurs de toute la planète. Son nom est déjà familier de milliers de Japonais qui nous achètent des vêtements, alors que nous n'avons jamais communiqué spécifiquement dans leur direction. C'est la preuve que son modèle est universel. Il est vrai qu'il repose sur des valeurs qui ne le sont pas moins : l'ambition et le goût du travail bien fait.

Je les reprends bien volontiers à mon compte. Elles m'ont bien aidée au cours de ces treize années de vie professionnelle à La Redoute. Je devrais plutôt dire : au cours de cette aventure de dingue qui ne vous arrive qu'une fois dans une vie, voire jamais si vous n'osez pas. Mais plus que tout, mes quatre roues motrices auront été : la confiance, le collectif, le sens de la mission et la persévérance. Quels que soient mes projets ultérieurs, je m'appuierai toujours sur elles, quand je cultiverai ma passion de l'entrepreneuriat, en essayant modestement d'exercer une influence pour contribuer à un monde plus juste et plus équitable.

Comme de nombreux dirigeants dans ce livre, je commencerai par la confiance. Je sais ce que je dois à la rencontre avec des personnes qui m'ont fait confiance et en qui j'ai placé ma confiance. L'entrepreneuriat est une aventure humaine, la rencontre avec des femmes et des hommes qui vous permettent de travailler en confiance, qui vous soutiennent et qui souhaitent votre réussite. J'ai rencontré des femmes et des hommes extraordinaires : clients, collègues, collaborateurs, chefs d'entreprises, politiques, journalistes, personnalités, partenaires... Ils ont chacun contribué à ma construction, et à faire qui je suis aujourd'hui.

Le collectif, ensuite, est une force sans équivalent. Si nous avons réussi, c'est aussi parce que nous sommes parvenus à embarquer tous nos fournisseurs, les banquiers, l'écosystème politique et à les aligner pour réaliser la transformation de La Redoute.

Dans le même état d'esprit, il y a la mission ou la raison d'être : nous avons toujours été portés par une cause qui nous a dépassés. Cette aventure était plus grande que nous, il n'y avait pas de place pour l'ego. D'abord, il s'agissait avant tout de sauver La Redoute – un monument dans l'imaginaire affectif des Français. Désormais, l'enjeu pour l'entreprise est d'Embellir la Vie des Familles, animée par cette farouche volonté d'améliorer la satisfaction de ses clients. C'est un aspect de notre projet que nous avions certainement sous-estimé. Peu à peu, nous nous sommes rendu compte que pour engager les équipes de manière durable et pouvoir être agiles, il fallait un ciment commun et partagé, ce qui s'appelle la mission, la culture avec ses valeurs et ses attitudes.

Enfin, je veux insister sur la persévérance. Du moins dans le sens où je l'entends. Je sais bien qu'on ne fait pas du neuf en recommençant toujours la même chose. Mais ça, c'est de l'entêtement. Pour moi, la persévérance est parfaitement résumée dans l'expression : on ne lâche rien ! Combien de murs se sont dressés devant nous ? Et combien de fois les avons-nous brisés à force de persévérance et de résilience ? Aucun obstacle n'est infranchissable. On peut même, quand on veut, arrêter les rotatives d'une imprimerie, pour cesser d'éditer le mythique gros catalogue. Rien n'est une fatalité, rien n'est impossible. Il suffit de vouloir !

Trois citations m'ont toujours inspirée. Je souhaite les partager avec les lecteurs en guise de conclusion. La première est d'Alfred de Musset : « Pour réussir dans le monde, retenez bien ces trois maximes : voir, c'est savoir ; vouloir, c'est pouvoir ; oser, c'est avoir. » La deuxième est de Sénèque : « Ce n'est pas parce que les choses sont difficiles que nous n'osons pas, c'est parce que nous n'osons pas qu'elles sont difficiles. » La troisième est de Coco Chanel : « Pour réaliser de grandes choses, il faut d'abord rêver. » Puissent-elles aider les dirigeants d'ETI[1] à surmonter les obstacles qui surgiront forcément, mais dont ils sortiront victorieux s'ils savent garder confiance en eux, dans les autres et dans l'avenir ; s'ils dessinent un alignement de leurs intérêts avec ceux de leurs équipes ; et s'ils trouvent en eux les ressources pour parvenir à la résilience.

Nathalie Balla,
ex-co-Présidente de La Redoute

1. Entreprise de taille intermédiaire.

# Avant-propos

Ce livre est le fruit de convictions fortes et s'inscrit dans une démarche portée depuis de nombreuses années par Valtus[1] et ses associés. Nous avions anticipé des évolutions majeures du leadership et du management. Dans un contexte de bouleversements sanitaires, économiques, sociaux, et alors même que la guerre est à la porte de l'Europe, les leaders expérimentent tous les jours et avec audace les clés que donne Nathalie Balla dans la préface : la confiance, le collectif, le sens de la mission et la persévérance.

Depuis la parution de notre dernier ouvrage en 2020, le leadership a été mis à l'épreuve pour mieux se renouveler, incarner plus d'agilité et d'écoute, renforcer le collectif. Plus que jamais, les dirigeants donnent du sens et portent une vision optimiste. Ceux que

---

1. À propos de Valtus :

Valtus est l'acteur de référence dans la transformation des organisations. Sa mission est d'accompagner de façon opérationnelle les entreprises dans la construction de leur futur en leur apportant des solutions de top management sur mesure. Valtus réalise plus de 500 missions par an dans tous les secteurs, tous les types d'entreprises, sur toutes les fonctions, partout dans le monde. Elle dispose de plus de 15 000 dirigeants de haut niveau prêts à intervenir immédiatement.

Depuis 2001, Valtus est le leader européen du management de transition. Valtus est membre fondateur de France Transition (ex-FnMT) et est labellisée par Bureau Veritas. Le groupe est aujourd'hui implanté dans cinq pays européens (France, Grande-Bretagne, Suède, Finlande et Danemark) et continue à s'appuyer sur son réseau Globalise dans les autres pays d'Europe et sur tous les continents. www. valtus. fr / @Valtus.

nous avons rencontrés ont confiance en eux et en leurs collaborateurs, c'est ce qui leur permet de relever des défis majeurs, de développer leur entreprise et d'être des acteurs clés du tissu économique et social.

Si nous avions demandé il y a seulement dix ans à une sélection de dirigeants de partager l'essentiel à propos de leur pratique managériale, il y a fort à parier qu'aucun d'entre eux n'aurait évoqué spontanément la notion d'*envie*. Aujourd'hui, c'est pourtant l'idée qui revient avec force et insistance dans la bouche des leaders que nous avons interviewés. Nous avons réuni dans cet ouvrage les témoignages sincères de cinquante dirigeants d'ETI, de filiales de groupes internationaux ou encore d'entreprises familiales créées par eux-mêmes ou par leurs aînés. Notre approche se veut résolument européenne. L'implantation de Valtus dans cinq pays européens nous a permis d'interviewer des dirigeants français, mais aussi anglais, suédois, finlandais ou danois. Nombreux sont les secteurs d'activité représentés : transports, énergie, high tech, BTP, banque, santé, cosmétiques, publicité, édition et beaucoup d'autres.

Malgré leur diversité, ces entreprises présentent des points communs : leurs performances économiques sont exemplaires, elles ont réussi à surmonter des difficultés, mais surtout elles ont à leur tête des leaders *bienveillants*, tournés vers les autres et ambitieux pour développer l'*envie* et relever les défis de leur entreprise. L'un ne va pas sans les deux autres.

Si les associés Valtus identifient des aspirations nouvelles, c'est parce que, par essence, notre métier nous conduit à anticiper les changements. Nous sommes au service des entreprises pour les aider à exécuter et à réussir leurs transformations. Nous voyons venir les mutations de tous ordres : **technologique**, avec la généralisation du digital, l'avènement de l'IA, mais aussi les risques de cyberattaques ; **commerciale**, avec des consommateurs qui changent, et des concurrences inédites qui s'imposent aux acteurs historiques d'un secteur ; **sociologique**, avec l'arrivée dans la vie active de générations résolument différentes des précédentes ; **géopolitique** avec des contraintes nouvelles et une rupture possible de chaînes d'approvisionnement ; **climatique** avec des réflexions sur les matières premières et la production de demain.

Les entreprises et leurs dirigeants doivent faire face à ces défis, dont certains sont inédits. Nourri par les témoignages de dirigeants d'ETI, cet ouvrage brosse le portrait de leaders conscients de leur rôle, à la fois ouverts sur le monde et soucieux de transmettre avec humilité leur vision et leurs valeurs à leurs équipes. Car dans des temps incertains, la réponse qu'ils apportent à la quête de sens de leurs collaborateurs est décisive pour l'avenir de leur entreprise. L'intelligence adaptative dont ces leaders font preuve est désormais une des clés de leur réussite managériale.

Et comme le montre si bien Nathalie Balla, l'engagement des collaborateurs repose fortement sur l'envie et la fierté, tout particulièrement dans le monde actuel. La motivation et le sentiment d'appartenance qu'insufflent les dirigeants passent par leur capacité d'écoute et la primauté du collectif.

Nous sommes heureux de partager l'enthousiasme que les associés Valtus et le journaliste qui nous a accompagnés ont eu à rencontrer tous ces dirigeants aussi inspirants qu'authentiques. Nous sommes sûrs que leurs enseignements et leurs *secrets* seront utiles à d'autres dirigeants qui se retrouveront dans leurs portraits.

Philippe Soullier,
Président de Valtus

# Chapitre 1.
# L'envie, le sens et l'engagement

L'envie : malgré les traumatismes encore affleurants de la pandémie, malgré la guerre sur notre vieux continent, malgré le cortège de dégâts collatéraux (inflation, pénuries). L'envie à entretenir chez les collaborateurs, à susciter chez les futurs talents, à insuffler aux clients et aux fournisseurs ; l'envie, chez les salariés, de venir au bureau, même à l'ère du télétravail ; et chez les dirigeants, l'envie tout simplement, surtout les jours où l'on a moins envie… Le mot a été prononcé dès la première entrevue. Il est ensuite revenu lors de pratiquement chacun des quarante-neuf autres entretiens. Décliné sous de multiples variantes – la passion, l'enthousiasme, le plaisir, la grinta[1], la désirabilité, l'attractivité –, il s'est imposé comme la notion clé de cette deuxième enquête de Valtus auprès des dirigeants d'ETI.

En 2020, le même exercice avait mis en évidence l'indispensable quête de sens. Le thème n'a rien perdu de son actualité. Il est même encore plus central qu'il y a deux ans, mais sa définition s'est enrichie d'une revendication supplémentaire, teintée de gratification des sens et de respect de l'éthique. C'est ce qui donne l'envie, malgré ou peut-être précisément à cause de l'urgence environnementale, la révolution digitale et la fragmentation de la société.

---

1. Terme argentin emprunté au rugby, qui désigne un esprit combatif et sportif.

## UN LIVRE ÉCRIT POUR ET PAR LES DIRIGEANTS

Pour cet ouvrage, notre démarche éditoriale est restée la même. Nous cherchons toujours à cerner les évolutions du leadership et du management à l'horizon des prochaines années. À cette fin, nous allons à la rencontre de présidents ou directeurs généraux, dans les secteurs les plus divers, et dans la pluralité des territoires. Les acteurs livrent leurs retours d'expérience, et leur restitution sert alors de source d'inspiration à d'autres décideurs. En définitive, nous éditons certes un ouvrage de dirigeants. Mais s'il est écrit pour eux, il est aussi rédigé par eux, et c'est ce qui fait son originalité par rapport à l'abondante littérature de théorie managériale.

La portée de notre projet se veut avant tout concrète. Si des tendances lourdes peuvent être dégagées, c'est parce qu'elles ont été d'abord validées sur le terrain. Cette fois, nous avons augmenté le nombre de témoignages à cinquante, et nous l'avons européanisé, en mobilisant les filiales nordiques et anglaise de Valtus. Ainsi, de Hésingue dans le Haut-Rhin à Londres et Copenhague, de Céret dans les Pyrénées-Orientales à Stockholm, d'Helsinki à Rosny-sous-Bois en région parisienne, de Rians dans le Cher à Trappes dans les Yvelines, de Longvic, en Côte d'Or, à Carros, dans les Alpes-Maritimes : avec les associés, nous sommes allés à leur rencontre.

À partir d'une trame de questionnaire identique pour tous[1], nous avons écouté leur vision d'un monde traversé par des crises de toutes sortes qui nous atteignent directement, et nous changent, tant dans nos psychés que dans nos priorités de vie professionnelle… C'est pourquoi nous nous sommes attachés à restituer leur définition nouvelle du leadership et du management, non seulement d'un point de

1. Le questionnaire commun, soumis à toutes les personnes interrogées, figure en annexe, page 225.

vue opérationnel, mais aussi philosophique, éthique et psychologique.

Cette aventure n'aurait pas été possible sans la confiance et la disponibilité de nos interlocuteurs. Qu'ils soient tous ici remerciés. Par ordre alphabétique et en précisant le secteur et le lieu de la rencontre, il s'agissait de :

– Salvatore Alaimo, président de Dimotrans Group (transports et logistique), à Pusignan, près de l'aéroport de Lyon-Saint-Exupéry, dans le Rhône ;

– Jean-Jacques Alexis, P. -D. G. de Bericap (bouchons d'emballage pour l'alimentaire), à Longvic, près de Dijon, en Côte d'Or ;

– Patrice Bélie, président d'Adista (opérateur télécom pour les professionnels), à Suresnes, dans les Hauts-de-Seine, en région parisienne ;

– Philippe Bénacin, P. -D. G. d'Interparfums (fabrication et distribution de parfums de prestige), à Paris ;

– Pierre Boulet, directeur général de Novares Group (fournisseur de l'industrie automobile), à Clamart, dans les Hauts-de-Seine, en région parisienne ;

– Bruno Bouygues, P. -D. G. de GYS (fournisseur de l'industrie automobile), à Laval, en Mayenne ;

– Leslie Bréau-Meniger, présidente de Superga Beauty (tous services de packaging à l'industrie du parfum et du luxe), à Paris ;

– Olivier Campenon, président du directoire de Lefebvre Sarrut (édition, formation) à Levallois-Perret, dans les Hauts-de-Seine, en région parisienne ;

– Bernard Canetti, président de Xynergy (méthode de rééquilibrage alimentaire Comme J'aime) à Levallois-Perret, dans les Hauts-de-Seine, en région parisienne ;

– Benoît Clinchamps, président de MicroPort CRM (appareillages cardiaques), à Clamart, dans les Hauts-de-Seine, en région parisienne ;

– Cathy Collart Geiger, P. -D. G. de Picard Surgelés (distribution alimentaire) à Issy-les-Moulineaux, dans les Hauts-de-Seine, en région parisienne ;

– Valérie Decamp, directrice générale de Mediatransports (publicité dans les espaces publics de transports en commun), à Issy-les-Moulineaux, dans les Hauts-de-Seine, en région parisienne ;

– Otto Drakenberg, ancien P.-D.G. de Scandi Standard (alimentaire), à Stockholm, en Suède ;

– Guillaume Fournier Favre, directeur général de Kone France (ascenseurs), à Trappes, dans les Yvelines, en région parisienne ;

– Glaura Grandi-Kartalian, P.-D.G. de Primagaz (énergie), dans le quartier de La Défense à Paris ;

– Steve Griffiths, directeur général de l'aéroport de Standsted, près de Londres en Grande-Bretagne ;

– Céline Gris, P.-D.G. de Gris Group (fabricant de composants mécaniques, rondelles techniques de fixation et pièces techniques découpées), à Lesménils, près de Pont-à-Mousson, en Meurthe-et-Moselle ;

– Paul Gustavsson P.-D.G. de Nordkalk (industrie minière) à Helsinki, en Finlande ;

– Thierry Herbreteau, directeur général de Peters Surgical (matériel de chirurgie), à Boulogne-Billancourt, dans les Hauts-de-Seine, en région parisienne ;

– Johan Hugues, directeur général de Blachere Illumination (conception et production d'éclairages festifs), à Apt, dans le Vaucluse ;

– Sébastien Huron, directeur général de Virbac (laboratoire pharmaceutique de produits vétérinaires), à Carros, près de Nice, dans les Alpes-Maritimes ;

– Johan Lagercrantz, P.-D.G. de Mathem (distribution alimentaire à distance), à Stockholm, en Suède ;

– Olivier Lamarie, P.-D.G. Xylem France et BeLux (équipements et solutions dans la gestion de l'eau), à Nanterre, dans les Hauts-de-Seine, en région parisienne ;

– Gaëlle Launay et Vincent Bagès, directeurs généraux de Rians (produits laitiers), à Rians, dans le Cher ;

– Yves Lederer, président du groupe Coriance (énergies renouvelables et récupération), à Paris ;

– Jacques Marcel, président du directoire de GCC (BTP) à Levallois-Perret, dans les Hauts-de-Seine, en région parisienne ;

– Brian Mikkelsen, président de la Chambre de commerce danoise, à Copenhague, au Danemark ;

– Véronique Motte, présidente du groupe CPM France (conseil en optimisation des ventes), à Issy-les-Moulineaux, dans les Hauts-de-Seine, en région parisienne ;

– Steve Olsen, P.-D.G. de Svendborg Brakes (systèmes hydrauliques de freinage), à Copenhague, au Danemark ;

– Véronique Pican, directrice générale de Equativ (ex-Smart AdServer France, solutions technologiques de gestion de la publicité en ligne), à Paris ;

– Antoine Porcher, directeur général du groupe V and B (réseau de cavistes en franchise et producteurs de vins et bières) à Château-Gontier, en Mayenne ;

– Guillaume Réveilhac, président de Cérélia (pâtes boulangères), à Paris ;

– Bernard Reybier, président de Fermob (mobilier de jardin), à Thoissey, dans l'Ain ;

– Marc Rocagel, président d'Options (équipement événementiel) aux Mureaux, dans les Yvelines, en région parisienne ;

– Jean-Thomas Schmitt, P.-D.G. du groupe Heppner (transports et logistique), à Rosny-sous-Bois, en Seine-Saint-Denis, en région parisienne ;

– Eric Scotto, président d'Akuo Energy (énergies renouvelables), à Paris ;

– Sunny Thakrar, ancien directeur général Groupe et Directeur des opérations Groupe adjoint d'Algeco Ltd, à Londres, en Grande-Bretagne ;

– Dominique Tourneix, directeur général du groupe Oeneo (bouchons de liège et tonneaux pour producteurs de vins), à Céret, près de Perpignan, dans les Pyrénées-Orientales ;

– Anders Uddfors, directeur général de Lernia (éducation) à Stockholm, en Suède ;

– Jani Vahvanen, président de Schneider Electric (énergies renouvelables) à Helsinki en Finlande ;

– Alexander Wallsten, P.-D.G. de Ansvar Säkerhet (audit de sécurité sur le lieu de travail), à Gävle, en Suède ;

– Russell Ward, P.-D.G. de RW Holding (Retournement des industries de l'énergie), à Londres, en Grande-Bretagne ;

– Anders Wilhjelm, P.-D.G. de Norican Group (sous-traitance automobile et aéronautique), à Copenhague, au Danemark ;

– Isabelle Xoual, associée gérante de Lazard (banque d'affaires et d'investissements), à Paris ;

– Samuel Zouaghi, président de Cryostar (technologies de la cryogénisation), à Hésingue, près de Mulhouse, dans le Haut-Rhin ;

– et ceux qui ont préféré s'exprimer sans être nommément cités.

Tous ont la responsabilité de sociétés qui emploient entre 500 et 3 000 salariés, et qui réalisent, pour la plupart, des chiffres d'affaires supérieurs à 100 millions d'euros. Ensemble, ils ne fédèrent pas moins de dix-huit secteurs : agroalimentaire, équipementiers, banque, BTP, cosmétiques, édition-formation, emballages, énergie, matériel chirurgical, mines, pharmacie, publicité, services RH, services aux collectivités, sous-traitance automobile, traitements des eaux, transports et logistique, télécom.

L'industrie traditionnelle figure à égalité de place avec les high tech et les services, des entreprises centenaires côtoient de futures licornes. Le quart des témoignages a été recueilli hors de France, un autre quart dans la variété des territoires de France. La seconde moitié se partage entre Paris et l'Île-de-France.

**La place des femmes, on progresse !**

Parmi les dirigeants qui nous ont reçus, la part des femmes atteint les 20 %. Dans notre première édition, celles-ci représentaient seulement 7,5 % (trois sur quarante interviewés). Mais la proportion est en fait plus grande. Car au-delà de la statistique, l'évolution des esprits est largement aussi importante. Elle se traduit par des engagements, des comportements. Olivier Campenon (Lefebvre Sarrut) siège par exemple au bureau du Professional Women Network. C'est sa contribution à lui pour crever le plafond de verre créé par les hommes. « C'est venu de mon expérience américaine, explique-t-il. Depuis, je ne supporte plus une entreprise sans femmes. Je trouve ça dommage. » Dans le même état d'esprit, Bernard Reybier présente Fermob, la société qu'il a reprise en 1989, comme « non genrée ». Il entend par là que l'égalité des droits n'y est pas un sujet, puisqu'elle était reconnue d'emblée, dès son arrivée en 1989… Nul besoin de quotas par conséquent. Il faut dire que ce concept commence à irriter les dirigeantes elles-mêmes. Véronique Pican (Equativ [ex-Smart AdServer France]) n'est pas dupe quand elle est invitée à siéger dans des organisations professionnelles : « Je sais bien, explique-t-elle, que je suis dans le quota des femmes. » Elle préférerait que ses pairs la reconnaissent d'abord, voire exclusivement, pour sa compétence. De même, Glaura Grandi-Kartalian (Primagaz) ne ressent pas le besoin d'appartenir à des organisations de femmes. Elle n'aime rien tant que de rencontrer de nouvelles personnes et leur poser quantité de questions pour étancher sa curiosité naturelle. Elle affectionne aussi de pouvoir aider les autres, dès qu'elle le peut, en mentorant des jeunes par exemple. Mais quand elle agit ainsi, le critère hommes-femmes n'entre nullement en ligne de compte. Elle aussi est « non genrée ».

À la sortie du premier ouvrage, la plupart des quarante dirigeants qui avaient participé à l'aventure avaient eu l'occasion de se rencontrer lors d'une soirée organisée par Valtus. Ils s'étaient rendu compte alors qu'ils formaient une communauté, réunis autour de valeurs identiques, de leur vision partagée du futur, de la recherche de l'efficience des process et de la meilleure manière d'y parvenir. Deux points communs principaux les réunissaient, largement indissociables : leur foi dans l'humain et leur préférence marquée pour l'ETI, l'entreprise de taille intermédiaire.

Nul doute qu'ils seront rejoints dans leur cohorte par les cinquante nouveaux grands témoins. Car les plaidoyers en faveur des deux thèmes ont été encore plus nombreux. L'humain ? « C'est le principal actif », affirme Marc Rocagel (Options), traduisant la pensée de nombre de ses pairs. De même, ils sont plusieurs, à l'instar de Guillaume Réveilhac (Cérélia) et Antoine Porcher (V and B), à employer le mot « famille » pour évoquer leurs collaborateurs et franchisés.

Cette marque d'estime, voire d'affection, n'est pas feinte. Les stigmates de la pandémie sont encore bien présents. Celle-ci a été synonyme d'épreuves parfois tragiques. Plusieurs ont attrapé la Covid, sous une forme grave, au point que l'un d'eux, pour reprendre son expression, a été amené à « examiner brutalement sa finitude ». Un nombre important ont perdu des proches (leurs parents, un conjoint, des amis, des collaborateurs), qui plus est, à un moment sans précédent dans leur vie, où ils devaient, en permanence, être sur le pont et prendre des décisions parfois déterminantes pour l'avenir de leur société. Tous aussi, pour la première fois de leur vie, ont eu à prendre soin de la santé non seulement de leurs collaborateurs, mais également de leurs familles. Cette obligation demeure. Thierry Herbreteau (Peters Surgical) la résume bien quand il la souligne ainsi : « La personnalité de nombre de nos collaborateurs a été malmenée par le confinement. Nous devons en tenir compte. » De fait, les témoignages exprimés au long de cet ouvrage sont très souvent empreints d'émotion et de compassion.

## UN VIBRANT MANIFESTE EN FAVEUR DES ETI

La taille humaine des entreprises n'est sans doute pas étrangère à cette altérité assumée. Il y a de l'empathie dans les ETI, comme en témoigne cet enchaînement de réparties, nourri par la succession des entretiens. Un dirigeant se flattait de connaître le prénom de chacun de ses salariés. Antoine Porcher (V and B) renchérit : « Et moi, je connais le prénom de la plupart des enfants des collaborateurs du siège. » Tandis que Véronique Pican (Equativ [ex-Smart AdServer France]) surenchérit : « Et moi, depuis les Teams du confinement, je connais le prénom de chacune des nounous des enfants de mes collaborateurs. » En fait, la réalité ainsi décrite n'est pas simplement anecdotique, elle est éloquente. Les sociétés à dimension humaine, surtout quand elles sont familiales, pratiquent une gestion plus incarnée. Or, actuellement, c'est précisément ce qu'attendent les salariés, et pas seulement les plus jeunes de la génération Y ou Z.

Ce n'est pas le seul atout des ETI, à en juger par la quantité impressionnante d'arguments déployés en leur faveur par leurs dirigeants. Ces derniers ont eu à cœur de leur apporter la consécration qui leur a manqué par le passé. Un déni parfois douloureusement ressenti, que Véronique Pican (Equativ [ex-Smart AdServer France]) résume ainsi : « Nous sommes l'armée des ombres. Habituellement, pour parler des chefs d'entreprise, les media ou l'opinion évoquent les patrons stars du CAC 40 ou bien les petits génies des start-up, mais nous ne sommes ni les uns ni les autres ! » En revanche, « c'est nous qui faisons marcher le pays », poursuit un chef d'entreprise qui a préféré s'exprimer dans l'anonymat.

Alors, qu'ont-elles donc, ces sociétés, que les autres n'ont pas ? Écoutons leurs dirigeants, ce sont eux qui en parlent le mieux. Leurs éléments de plaidoirie traduisent aussi bien leurs motivations personnelles, liées à leur tempérament, que les particularités de gestion, de management et de stratégie spécifiques aux ETI.

Sur l'adéquation avec leur personnalité, Salvatore Alaimo (Dimotrans Group) synthétise l'itinéraire de nombreux dirigeants. Il avait commencé très jeune, au seuil des années 1980, en rachetant progressivement à son oncle son entreprise de transport et de logistique, forte alors de quatre salariés. À 59 ans, après vingt rachats et une croissance ininterrompue, il est à la tête d'un groupe de 2 400 collaborateurs. Mais son état d'esprit est le même qu'au premier jour : « Chaque matin est un éternel recommencement et une remise en question permanente. Il faut trouver une solution nouvelle à un problème inédit. La flexibilité est mon essence. J'aurais été incapable de travailler dans une société processée. Pour moi, l'ETI est à l'opposé de l'organisation matricielle qui fait perdre son âme aux entreprises et à leurs collaborateurs. Toute la richesse d'une ETI réside dans son adaptabilité. »

Pour d'autres, c'est la mise en conformité avec leurs convictions personnelles. Il s'agit même pour certains d'une profession de foi, à l'instar de Johan Hugues (Blachere Illumination) qui considère que ce sont « les entreprises qui doivent sauver le monde ». La sienne n'est pourtant pas la plus grande de notre panel, mais elle est comme le colibri de Pierre Rahbi[1] : l'important est que chacun prenne sa part, dans la mesure de ses possibilités.

---

1. Le philosophe de l'écologie raconte cette parabole : un incendie s'est déclaré dans la forêt. Un colibri prend de l'eau dans son bec et s'en va la jeter au-dessus des flammes. Un aigle le voit et lui demande : « Mais qu'est-ce que tu fais ? » « Tu le vois bien, répond le petit oiseau, j'éteins le feu. ».

Jean-Jacques Alexis (Bericap) a, lui, choisi de diriger des ETI, après une première vie dans de grands groupes, et il s'en explique ainsi : « J'ai voulu contribuer à pérenniser l'emploi industriel en France et sécuriser l'économie du pays. » Dans le même état d'esprit, Jean-Thomas Schmitt (Heppner) se réfère à l'histoire récente : « Les Gilets jaunes illustrent la crise de la disparition des ETI en France. Celles-ci auraient dû continuer à mailler le territoire, comme en Allemagne bien sûr, mais aussi comme en Italie du Nord. » « Car enfin, ajoute Benoît Clinchamps (MicroPort CRM), c'est nous qui embauchons. » À son niveau, en 2021, il a recruté soixante ingénieurs de haut niveau, basés dans l'unité de production de Clamart : « À l'échelle de la ville, ce n'est pas rien », plaide-t-il.

Et puis, il y a le style de gestion. Pour ceux qui ont connu autre chose, il est sans comparaison. Comme le souligne Bruno Bouygues (GYS), « dans les ETI, le siège est au service des filiales, et non l'inverse ». C'est bien ce qui a séduit Jean-Jacques Alexis dans la SaS Bericap France, 300 salariés, qu'il dirige à Longvic, près de Dijon : « C'est la filiale française d'un groupe allemand, qui est l'exemple même de la belle ETI germanique : 4 000 salariés dans le monde, une équipe très restreinte au siège pour faciliter le circuit de décision. »

Jacques Marcel a lui aussi rejoint la présidence GCC (BTP) après avoir travaillé dans de grands groupes. « Je limite à trois, explique-t-il, les niveaux de hiérarchie : le patron d'agence, le directeur général du métier, et moi. En revanche, le développement horizontal peut être illimité. Nous en sommes à 44 agences. » À ses yeux, la meilleure image du patron d'ETI est celle de l'hélicoptère : dans les airs, il a un regard sur tout, il survole. Mais quand un doute survient, il fond en piqué, le temps de la mission, avant de repartir dans les airs. Grâce à cela, précise-t-il, avec un enthousiasme communicatif, « on ne cesse d'apprendre, et d'apprendre de vraies choses ».

Sur les bienfaits de la frugalité des organigrammes, plusieurs autres dirigeants confirment l'analyse de Jacques Marcel. Ainsi, Jean-Thomas Schmitt (Heppner) : « nous sommes très *lean*, explique-t-il. Nous ne gardons au siège que ce que nous ne pouvons pas déléguer. » Chez Superga Beauty, où Leslie Bréau-Meniger a rejoint son père, d'abord comme directrice générale, puis maintenant comme présidente, après avoir passé quinze ans dans de grands groupes : « Chez nous, explique-t-elle, il n'y a pas de gras. Dès lors, chacun sait pourquoi il est là, et quelle est la finalité de sa fonction. »

La laiterie Rians, dans la petite ville du même nom, dans le Cher, Gaëlle Launay et Vincent Bagès illustrent la même réalité. Tous deux exercent en binôme la direction générale. « Nous fédérons en fait plusieurs ateliers de production, explique Vincent, où chacun déploie son savoir-faire, issu de transmissions parfois centenaires, pour la fabrication de la faisselle, par exemple, ou du crottin de Chavignol. » « Dès lors, poursuit Gaëlle, si un seul salarié manque le matin, c'est la chaîne de compétences qui est rompue. » Chacun est conscient de son côté irremplaçable. « C'est un motif de fierté », commente Vincent, « et de responsabilité », complète Gaëlle.

Ce degré de compétence acquis au fil des années est un actif de haute valeur pour les entreprises. Il traduit une autre spécificité de l'ETI : son rapport au temps long.

« Nous sommes sans doute le seul type d'entreprise à réaliser des plans de long terme, intégrant les femmes et les hommes qui la composent, sans contrainte de revente court-termiste », affirme Jean-Jacques Alexis. Des plans à cinq ou dix ans, voire à cent ans, comme l'expliquera plus loin le directeur général de Kone France, Guillaume Fournier Favre. « C'est parce que les actionnaires familiaux sont plus patients », explique Jean-Thomas Schmitt.

Attention cependant à ne pas verser dans l'emphase. À force de parer les ETI de toutes les qualités, quand les autres ne disposeraient d'aucune, la démonstration pourrait finir par perdre de sa crédibilité ! Jacques Marcel (GCC) définit la voie étroite sur laquelle les entreprises de taille intermédiaire doivent sans cesse avancer : « C'est une ligne de crête, à équidistance entre un grand groupe, rigidifié par l'excès de procédures, et une PME gentillette, certes, mais incapable de développer ses talents et son innovation », et pour ne rien arranger, « caractérisée par une absence de contrôle. »

Philippe Bénacin (Interparfums) a trouvé sa méthode d'autodiscipline pour tirer vers le haut, et transformer en belle ETI, la petite entreprise qu'il avait créée au sortir de l'ESSEC en 1982 : il a procédé à une introduction en Bourse, non pas tant pour les fonds propres ainsi procurés, que pour l'école de rigueur apportée par les autorités des marchés ainsi que par les analystes financiers.

À ce propos de l'actionnariat, celui des ETI peut être un problème, poursuit en substance Jacques Marcel. Trop familiales, les sociétés doivent souvent consacrer des sommes importantes au versement de dividendes à une ribambelle de cousins et nièces, et cela, au détriment de l'investissement et de l'innovation. À l'inverse, contrôlées par des fonds d'investissement étrangers à la famille, elles encourent le risque de perdre leur âme et ce précieux rapport au temps et à la patience qui est habituellement leur apanage.

En ce qui concerne GCC, l'affaire est réglée puisqu'elle est majoritairement détenue par ses cadres dirigeants, qui cèdent leurs titres lorsqu'ils quittent l'entreprise. Aucune décision actionnariale ne peut donc aller à l'encontre des intérêts stratégiques à long terme de l'entreprise. Le contexte est identique chez Cérélia, où 70 % des salariés sont actionnaires. Cela fait dire à son président, Guillaume Réveilhac : « Nous sommes engagés ensemble, unis par les mêmes valeurs comme une grande famille. Sensibles à la solidarité, les salariés ont été immédiatement animés d'un élan d'aide individuel et au début de l'invasion de l'Ukraine. »

Mais au-delà de la cohésion apportée par l'actionnariat salarial, on voit bien que la taille des effectifs et l'organisation décrite par les uns et les autres fournissent aux ETI leur atout majeur. Elles sont en mesure de procurer des conditions d'épanouissement aux salariés, précisément à un moment où cette demande est prioritaire. « Nos circuits courts de décision favorisent certainement l'écoute », convient Jean-Jacques Alexis. « La vision globale est plus facile à appréhender par chacun, ajoute Bruno Bouygues, parce que le cap est plus visible. » Surtout quand le dialogue permanent est installé, comme le souligne Dominique Tourneix (groupe Oeneo). Dès lors, « il est plus facile de donner du sens », conclut Gaëlle Launay (Rians).

## L'ENVIE, APRÈS LE SENS ET AVANT L'ENGAGEMENT

Le sens ! Le mot clé de la première édition est effectivement toujours d'actualité. En deux ans, il a même pris une place encore plus centrale. Isabelle Xoual (Lazard), Véronique Motte (CPM France) et Yves Lederer (Coriance) le confirment : s'ils avaient participé à la première édition, eux aussi auraient placé cette quête en tête des grandes tendances observées. Mais, précise Yves Lederer : « Il y a cinq ans, je ne vous aurais peut-être pas dit la même chose. »

De son côté, Guillaume Réveilhac pressentait déjà cette vague de fond, mais il en convient, il n'était pas suivi par l'ensemble de ses pairs. Or, selon lui, ce mouvement dans l'opinion salariale ne s'arrêtera pas. Et vu la rapidité avec laquelle il a pris de l'ampleur, il vient à douter de la pérennité des entreprises qui n'en ont pas pris la mesure. Et là encore, il accorde un point supplémentaire aux ETI par rapport aux majors : « Certains grands groupes ont franchi le cap au-delà duquel la perte de sens est à peu près irréversible », résume-t-il.

« La marque employeur de certains d'entre eux est dégradée », constate Gaëlle Launay. « Tandis que nous recevons des candidatures spontanées de Lyonnais comme de Parisiens », se réjouit Bernard Reybier chez Fermob, dont le siège est à Saint-Didier-sur-Chalaronne, 2 787 habitants, dans l'Ain.

Olivier Campenon (Lefebvre Sarrut) confirme aussi, à son niveau, la réclamation de sens : « J'ai créé un *board* de millenials pour entendre leurs réactions aux sujets qui peuvent impacter l'entreprise : systématiquement, à chaque réunion, ils évoquent le sens et la RSE. » Véronique Motte (CPM France) et Glaura Grandi-Kartalian (Primagaz) valident le constat en s'appuyant toutes les deux sur les indicateurs avancés les plus fiables à leur disposition : leurs enfants. Pour la première, « la réclamation de sens chez les jeunes explique certainement le choix électoral d'un grand nombre d'entre eux en faveur d'EELV et de LFI[1], quelle que soit leur origine sociale ». La seconde observe qu'à la maison, avec ses cinq enfants, les conversations sont « 100 % RSE ». S'agissant du sens, elle ne voit pas ce dernier uniquement comme une revendication de salarié. À ses yeux, c'est aussi une grande perte de chance pour l'entreprise quand cette notion lui fait défaut.

« En arrivant chez Primagaz, témoigne-t-elle, je me suis aperçue que les collaborateurs avaient perdu le sens de leur travail. La centralisation venue de la maison mère hollandaise avait enlevé aux dirigeants leur *empowerment*[2]. Ils avaient perdu leur force de proposition. Ils n'avaient plus de vision globale, de discours cohérent. Face aux objectifs qui nous sont assignés en général, mais en particulier dans notre secteur – 100 % d'énergie renouvelable en 2040 –, ils ne savaient pas quelle marche gravir en premier. »

Quant au sens plus spécifiquement réclamé par les jeunes générations, Glaura en convient : il est encore plus prégnant. « Mais attention, alerte-t-elle, le contenu de leur sac à dos est différent du nôtre. » C'est aussi ce qu'observent de nombreux dirigeants, notamment dans les entretiens d'embauche : les générations de la

1. Devenue depuis Nupes.
2. Autonomie, capacité d'agir sur sa propre initiative.

relève veulent non seulement du sens, mais aussi du plaisir et de l'éthique. Si un élément vient à manquer, ils s'extraient du jeu.

## DU SENS AUX CINQ SENS, EN PASSANT PAR LES SENTIMENTS

Dès lors, en deux ans, l'aspiration à trouver du sens s'est notablement incarnée. Il ne suffit plus d'apporter des réponses aux questions cérébrales : qui, où, quand, comment, pourquoi, combien ? Elles demeurent indispensables, car si les explications ne font pas sens, dans l'acception de direction et de signification, la sanction de la grande démission est proche.

Mais le dirigeant doit aussi accéder à une demande de satisfaction, qui est de l'ordre du sensoriel. Le collaborateur, actuel ou futur, la formule ainsi : en quoi ce que je vois, entends, touche, goûte et sens me fait-il du bien ? L'importance de cet aspect ne doit pas être sous-estimée, car la gratification des sens a pour effet de calmer nos stress, et de nous mettre dans la situation d'adaptabilité, évoquée plus haut par Salvatore Alaimo (Dimotrans Group). Or, ce sujet va se révéler si important dans le contexte actuel de crises à répétition qu'il va constituer l'un des principaux développements de cette seconde édition.

C'est un enjeu stratégique pour les dirigeants, mais aussi pour l'ensemble des salariés. Cathy Collart Geiger (Picard Surgelés) le ressent bien et l'exprime ainsi : « Le stress et la lassitude accumulée durant ces trois années de crise ont créé chez eux un besoin de contrepartie, caractérisée par l'optimisme, l'enthousiasme, l'envie. » Il incombe aux dirigeants de savoir répondre à cette aspiration.

Et puis, l'attente des collaborateurs est également de l'ordre du sentiment : en quoi ce qu'il m'est demandé de faire est-il bien ou mal, au regard de mes valeurs ? Là encore, c'est un état d'esprit partagé aussi bien par les dirigeants que par leurs collaborateurs. Même si la finalité est bonne, elle n'excuse pas d'avance tous les moyens d'y parvenir. C'est la dimension éthique. Elle monte en puissance en

France, alors que chez les Scandinaves, elle est une réalité depuis des années.

C'est bien la richesse de cette enquête que d'avoir pu élargir le panel d'interviewés à l'Europe du Nord et à la Grande-Bretagne. Les dirigeants de ces pays nous adressent des signaux avant-coureurs, qu'il nous appartient de décrypter. Écoutons le Suédois Otto Drakenberg. P.-D.G. de Scandi Standard, il a aussi été sélectionné olympique en escrime, en 1988 à Séoul. Cette rigueur morale, qui sied aux émules de Pierre de Coubertin, n'est sûrement pas neutre dans sa déclaration : « Philosophiquement, je ne pense pas que cela fasse du bien de gagner sans respecter ses propres règles éthiques. » Et de donner ce conseil aux dirigeants de toutes nationalités : « Respectez la loi et visez le long terme. Non seulement parce que c'est bien de procéder ainsi, d'un point de vue éthique, mais aussi parce que cela tend finalement à vous emmener vers un succès plus durable et plus satisfaisant. Respecter les règles du jeu ne permet pas seulement de mieux dormir, cela fait gagner davantage de victoires. L'éthique et les valeurs ne consistent pas seulement à ne pas commettre de mauvaises choses, elles mènent aussi, presque par magie, à réaliser davantage de bonnes choses. »

Son voisin suédois Anders Uddfors se fixe pour sa part cette règle de vie : « Je dois toujours me sentir en phase avec ma boussole éthique. J'essaie de faire les choses de manière à pouvoir me regarder en face dans la glace. Ne mettez jamais la poussière sous le tapis. » Ce dirigeant pilote Lernia, société spécialisée dans les ressources humaines. En 2021, elle a permis à 14 900 personnes de retrouver un nouvel emploi. Il s'agissait principalement d'immigrés de la première et de la deuxième génération, dont certains n'avaient pas travaillé auparavant. « Notre attrait en tant qu'employeur, observe-t-il, s'est accru au fur et à mesure que notre engagement sociétal se renforçait. » Et de conclure : « Trouver du sens et agir pour le bien devient de plus en plus important pour les salariés. L'épreuve de la Covid a contribué à renforcer cette réclamation. »

Son compatriote Alexander Wallsten illustre l'accent placé désormais sur l'éthique dans la responsabilité sociale. L'entreprise qu'il a fondée audite la criminalité sur le lieu de travail. Elle a pour objet social de lutter contre l'économie souterraine.

Ses propos ne sont pas discordants avec ceux de son confrère, patron de Lernia. Pour lui, « une organisation bâtie sur les valeurs éthiques est la mieux à même d'atteindre ses objectifs stratégiques. Parallèlement, il faut en permanence écouter les attentes des clients. En pratique, il faut mettre en œuvre la gestion de la performance à travers l'amélioration continue. Mais toujours, il faut s'interroger sur ce que nous faisons, pour qui, pour quoi, quel est le but ? Il faut toujours se poser la question : "Qu'est-ce qui peut nous perturber ?" suivie de : "Devrions-nous entrer dans cette zone de turbulences et prendre le risque de perturber les autres ?" »

En Grande-Bretagne, Sunny Thakrar pourrait passer pour le symbole même de la finance cynique et froide. Spécialiste de la conduite du changement, à partir d'une solide formation en contrôle de gestion, il traduit industriellement les attentes des sociétés de capital-investissement. En réalité, il observe chez ces dernières une conversion marquée pour le respect des particularismes culturels des entreprises dans lesquelles elles investissent. Elles se préoccupent aussi des volets de santé et de sécurité. À son niveau, ses expériences auprès d'entreprises nordiques l'ont beaucoup changé : « Leur culture est totalement différente. L'équilibre travail-vie personnelle, l'esprit d'équipe, l'investissement dans les compétences des salariés, la loyauté, tout est mis au service de l'inclusion sociale, au point que cela confine au communisme, mais ça fonctionne bien ! Cela se voit dans nos chiffres d'affaires réalisés là-bas. Lorsque, dans notre portefeuille de participations, nous avons examiné où nous avions le taux de rotation du personnel le plus élevé, malheureusement, c'était toujours au Royaume-Uni. »

En France, le discours le plus approchant de ces thèmes est prononcé par Guillaume Fournier Favre, quand il dit : « Si nous voulons durer encore cent ans, il nous faut prendre d'ores et déjà les bonnes décisions sociétales et environnementales. À cet effet, nous allons notamment favoriser la diversité des équipes en recrutant cent jeunes des cités (NDA : Le siège de sa société se trouve à Trappes). Nous voulons le faire pour être cohérents avec notre vision d'être une entreprise inclusive. » Il est vrai qu'il est le directeur général de Kone France, le numéro deux des ascenseurs en France. Il est donc l'ambassadeur d'une entreprise familiale finlandaise, et il ne renie pas, loin de là, cette culture nordique. Mais s'il l'endosse aussi volontiers, c'est aussi parce qu'elle correspond aux valeurs personnelles qui l'animaient déjà avant d'entrer dans cette entreprise.

En fait, le prérequis de vivre et d'agir conformément à ses valeurs est désormais clairement affirmé, non seulement par les salariés, mais par les dirigeants. C'est pourquoi tout le chapitre 4 est consacré à ces exigences. Il ne peut pas y avoir de chaîne de valeur ni de valeur ajoutée sans le respect des grandes valeurs humaines. Sans cela, aucun leadership durable ne peut valablement s'installer. Ici aussi, la tendance est lourde. Ce n'est pas une hypothèse émise à la lumière des entretiens. Elle est corroborée en parallèle par d'autres acteurs. La nouvelle présidente de l'APEC (l'Association pour l'emploi des cadres), Marie-Laure Collet, considère que, désormais, la lecture d'un CV ne doit plus se satisfaire des compétences, elle doit aussi vérifier les valeurs humaines du candidat. L'AFQP (Association France Qualité Performance) a opéré un virage dans sa promotion de l'excellence, elle est passée de l'opérationnel (amélioration continue des process) au relationnel (reconnaissance de la primauté de l'humain et des exigences éthiques).

Enfin, et cela vaut pour tout le monde, du P.-D.G. au collaborateur le plus humble, une juste place doit être accordée à l'intuition, le sixième sens, en quelque sorte. Sept interviewés l'ont expressément citée : cinq hommes et deux femmes. Même si elle est parfois rééquilibrée par des précautions oratoires ou méthodologiques, à l'exemple des mots « process » ou « monitoring » qui accompagnent certaines déclarations, elle est présentée par les dirigeants qui croient en elle comme un gros apport de créativité, et donc d'innovation pour l'entreprise, en même temps que de satisfaction pour les équipes.

# Ils écoutent leur intuition

| *Dirigeant* | *Entreprise et secteur* | *Verbatim* |
|---|---|---|
| Marc Rocagel | Options (équipement événementiel) | « Quand la situation échappe à tous les référentiels existants, si vous ne mobilisez pas votre **intuition,** cela devient compliqué. » |
| Johan Hugues | Blachere Illumination (conception et production d'éclairages festifs) | « C'est un enjeu d'équilibre. Il faut parvenir à se connaître et reconnaître en soi les îlots de déséquilibre. Il faut sentir, ressentir, à l'**instinct**. » |
| Valérie Decamp | Mediatransports (publicités dans les espaces publics de transports en commun) | « J'écoute de plus en plus mon **intuition**, je lance des pistes. La seule fois où je ne l'ai pas écoutée, j'ai connu mon plus gros échec professionnel. » |
| Glaura Grandi-Kartalian | Primagaz (énergie) | « Je suis très **intuitive**. Je recueille des observations qui vont quelque part dans le cerveau. J'ai lu quelques livres sur le sujet, qui m'ont rassurée. L'**intuition** donne du sens. » |
| Dominique Tourneix | Groupe Oeneo (bouchons de liège et tonneaux pour producteurs de vins) | « J'ai eu **l'intuition** que ce procédé allait sauver l'entreprise. » |
| Eric Scotto | Akuo Energy (énergies renouvelables) | « Mon **intuition** d'il y a vingt ans est devenue la norme. » |

| *Dirigeant* | *Entreprise et secteur* | *Verbatim* |
|---|---|---|
| Jacques Marcel | GCC (BTP) | « Je suis **intuitif**, pourtant je suis ingénieur ! » |

De sorte qu'il n'existe plus une seule, mais bien quatre manières d'appréhender la réalité : l'intelligence cérébrale, qui fut longtemps la seule à être sollicitée dans les écoles d'ingénieurs et de management ; l'intelligence émotionnelle, qui est la grande consécration de ces deux dernières années, et qui interagit sur les cinq sens ; l'intelligence morale qui atteint la personnalité de chacun, en fonction des valeurs que notre éducation nous a forgées ; et puis, l'intelligence intuitive, bien présente à la naissance, mais qui est ensuite progressivement muselée tout au long des années d'apprentissage rationnel ou prétendu tel. Les quatre intelligences réunies créent les conditions de l'envie : l'envie d'aller au travail, de se mobiliser au sein d'un projet collectif, de relever des défis…

## L'ENVIE, UNE ASPIRATION UNIVERSELLE

L'envie aura donc été le mot clé de cette nouvelle enquête. Ici aussi, comme avec les valeurs, il faut croire que le concept est assez universel. Voici comment il est présenté en Grande-Bretagne, au Danemark et en Suède. Pour l'Anglais Russell Ward, redresseur d'entreprises : « En termes de leadership, est-ce que les gens sont heureux, *excited* ? Sont-ils bénéficiaires de la stratégie, car c'est un scénario gagnant-gagnant qui doit être créé. Il s'agit vraiment de créer l'environnement dans lequel les gens peuvent s'épanouir. L'une des meilleures façons d'y parvenir est de déléguer, de laisser les gens prendre des décisions, mais dans un environnement sûr, où ils savent qu'ils sont habilités à le faire. Dès lors, quand les processus et les procédures sont correctement en place, l'envie ainsi suscitée chez les collaborateurs est vraiment le plus grand déclencheur d'adrénaline dans le leadership. »

Le Danois Anders Wilhjelm (Norican Group) veut être, pour sa part, un « *playing coach* ». C'est un concept purement scandinave, fondé sur l'envie de travailler ensemble. Le Suédois Otto Drakenberg (Scandi Standard), exprime la même idée avec ses mots : « Le leader est celui qui embarque, qui donne envie de le suivre. Même sur des sujets peu familiers des collaborateurs, il inspire un voyage vers des objectifs. » Il en va de même de son compatriote Johan Lagercrantz (Mathem) : quand il donne les cinq mots clés de son modèle de management, trois au moins sont synonymes d'envie, puisqu'il s'agit pour lui d'être « prédictif, clair, attentionné, inspirant et stimulant ».

Dans ce genre d'invitations, la France n'est pas en reste. À Laval, chez GYS, Bruno Bouygues évoque le « *moonshot* » que tout dirigeant devrait avoir en permanence : il entend par là un projet enthousiasmant, à partager avec toutes les équipes, dont le but est, littéralement, de viser la Lune.

Dans ce droit fil, Cathy Collart Geiger, P.-D.G. de Picard Surgelés, vise non pas la Lune, mais Proxima, l'étoile la plus proche du Système solaire au sein de la Voie lactée. C'est le nom de code du plan de transformation qui avait été initié avant son arrivée. Pour bien montrer qu'elle le validait, mieux, qu'elle l'incarnait, elle est arrivée un jour à la réunion du comex déguisée en astronaute, en combinaison et casque. Seule sa directrice de la communication était au courant. Elle avait, pour l'occasion, préparé un dispositif de fumée, ainsi qu'une musique appropriée. L'émotion suscitée a permis de faire passer le message : Vous aurez un pilote pour mener à bien ce projet. Grâce aux émotions positives ainsi provoquées, elle a su qu'elle déclencherait chez ses équipes l'envie de le mener à bien.

« Attention cependant, met en garde Olivier Campenon, l'envie ne peut pas exister indépendamment de l'engagement. » À ses yeux, le triptyque doit se décliner dans l'ordre suivant : sens, engagement, envie. Ce faisant, il traduit la pensée de nombre de ses pairs. Car de la même manière que pour une pièce de monnaie, il n'existe pas de côté pile sans son côté face, il ne peut pas y avoir d'envie sans engagement. Les phrases d'illustration des concepts peuvent être tournées dans tous les sens, elles passent fatalement par les mêmes termes : J'ai envie de m'engager dans quelque chose qui a du sens. Je me suis engagé dans quelque chose qui a du sens, donc j'ai envie de travailler. Si je ne trouve pas de sens à ce que je fais, je n'ai pas envie de m'engager.

Il n'en demeure pas moins que l'envie aura été le mot le plus prononcé au cours de ces entretiens. En témoignent les extraits suivants :

| *Dirigeant* | *Entreprise et secteur* | *Verbatim* |
|---|---|---|
| Samuel Zouaghi | Cryostar (technologies de la cryogénisation) | « L'objectif d'un dirigeant est de donner envie. Les gens ont envie de bien travailler. Dès lors, il faut mettre en place les conditions pour que cela se réalise. Mais le succès d'une entreprise est une conséquence, pas un but. Le but, c'est **l'envie**. Une bonne façon d'avoir toujours envie, c'est de s'entourer de meilleurs que soi, ils vous tirent en permanence vers le haut. » |
| Marc Rocagel | Options (équipement événementiel) | « Mon métier, c'est donner **envie**. » |
| Antoine Porcher | V and B (caviste et bars, réseau de 200 franchisés) | « Je suis un déclencheur **d'envies**. » |
| Antoine Porcher | V and B (caviste et bars, réseau de 200 franchisés) | « Cultiver la **grinta** figure dans la charte du groupe, aux côtés de : rester simple, être ouvert aux autres, et oser. » |

| *Dirigeant* | *Entreprise et secteur* | *Verbatim* |
|---|---|---|
| Jean-Jacques Alexis | Bericap (bouchons d'emballage pour l'alimentaire) | « Le métier de dirigeant est de comprendre l'environnement pour définir une ligne générale qui fasse **envie.** Je m'associe à des projets de classes de 4e dans les collèges pour susciter de l'envie pour l'industrie. » |
| Véronique Pican | Equativ (ex-Smart AdServer France, solutions technologiques de gestion de la publicité en ligne) | « Mon métier est d'embarquer, de donner **envie**. » |
| Leslie Bréau-Meniger | Superga Beauty (tous services de packaging à l'industrie du parfum et du luxe) | « Un leader, c'est quelqu'un qu'on a **envie** de suivre, et moi j'ai **envie** de booster chacun. Embarquer tout le monde, c'est embarquer chacun. » |
| Salvatore Alaimo | Dimotrans Group (transports et logistique) | « Le sens est primordial, pour que les gens aient **l'envie**. Or, sans **envie**, il ne peut y avoir pas de pérennité dans le projet ; cela étant dit, le sens évolue avec les générations successives et il est du devoir du chef d'entreprise de comprendre les aspirations de la nouvelle jeunesse et d'apporter une réponse. » |

| *Dirigeant* | *Entreprise et secteur* | *Verbatim* |
|---|---|---|
| Isabelle Xoual | Lazard (banque d'affaires et d'investissements) | « C'est un devoir du dirigeant de comprendre les **envies** de ses collaborateurs. » |
| Alexander Wallsten | Ansvar Säkerhet (audit et sécurité, Suède) | « Le leadership, c'est être capable de donner à chacun les moyens d'évoluer, s'épanouir, de s'amuser, d'avoir **envie**, tout en s'alignant sur les objectifs fixés, et en les atteignant. » |
| Eric Scotto | Akuo Energy (énergies renouvelables) | « Bâtir une stratégie, le rôle du leader, ne peut être que la conséquence d'un projet collectif, porté par chacun et chacune, avec **envie,** passion, exigence et solidarité. » |
| Benoît Clinchamps | MicroPort CRM (cinquième producteur mondial d'appareillages cardiaques) | « Le leadership a peut-être changé en ce sens qu'il se distingue par la capacité à donner **envie**, par l'objectif qu'on lance aux équipes. Cela suppose d'être capable de mesurer si les autres ont **envie** de vous suivre. » |

| *Dirigeant* | *Entreprise et secteur* | *Verbatim* |
|---|---|---|
| Bruno Bouygues | GYS (fournisseur de l'industrie automobile) | « C'est peut-être même un devoir pour le leader d'avoir **envie**, et d'expliquer pourquoi on a **envie** de faire bouger les murs. Et quand on a moins **envie**, c'est aussi un devoir de se rappeler d'où on vient, et de rendre ce que l'on a reçu. Je pourrais prendre mon chèque et m'installer sur une île. Ce n'est pas ma façon de voir. J'ai plutôt **envie** de servir mon pays. » |

Alors, certes, peut-être s'agit-il là d'une succession de cas d'espèce. Après la publication du premier livre, en 2020, des lecteurs avaient fait part à l'auteur de leur scepticisme. Ses contradicteurs étaient souvent éloignés du monde de l'entreprise. Ils œuvraient dans le monde culturel, associatif, religieux ou au contraire très laïque. Dans leur esprit, un patron étant par essence un être brutal et avide, ils ne pouvaient donc pas croire à l'humanisme qui se dégageait des pages.

La réponse de Samuel Zouaghi (Cryostar) à cette incrédulité est spontanée. Elle prend la forme d'un manifeste. Il est vrai qu'il a été formé à la tonique école du CJD (Centre des jeunes dirigeants) : « Nous ne sommes pas des cas isolés. Au contraire, nous formons un maillage de plus en plus dense, et il le faut, pour qu'ainsi nous devenions la norme, et que les salariés soient en droit de dire : ça se passe comme ça chez untel et untel, alors pourquoi pas chez vous ? »

Et puis, un phénomène patent demeure, qui ne peut pas être nié. La période récente a vu la reconnaissance des émotions, la consécration de la psychologie, de la philosophie et des neurosciences. « Elles devraient être enseignées dans toutes les écoles d'ingénieurs », préconise même Jean-Jacques Alexis (Bericap). Bien plus, le développement personnel, qui fut longtemps cantonné aux jardins secrets des individus, se trouve ouvertement pratiqué dans le cadre du travail et des affaires. Les dirigeants n'hésitent plus à en parler, et surtout, à pratiquer les méthodes de relaxation, à surveiller leur hygiène de vie. Ils en ont besoin, pour tenir bon, pour se tenir bien.

Voici encore cinq ans, se serait-il trouvé autant de leaders, à l'instar de Marc Rocagel, Eric Scotto, Yves Lederer, Bernard Reybier, Valérie Decamp, à témoigner de leur pratique régulière du yoga et de la méditation dans le cadre de leur vie professionnelle ? Il est fort possible qu'il n'y en ait pas eu un seul. Mais l'enchaînement des crises est passé par là. Il a démontré que pour prolonger durablement l'envie, et pour durer, tout simplement, il faut être clair, dans son corps et dans sa tête. « Il faut être congruent », précise Cathy Collart Geiger (Picard Surgelés). Sans cela, l'adaptabilité souhaitée ne reste qu'un vœu pieux. C'est pourquoi ces sujets occupent une partie centrale dans cet ouvrage. Ils sont les meilleurs auxiliaires des décideurs pour relever les défis. Mais d'abord, quels sont ces derniers ? C'est le thème du prochain chapitre.

## Ce qu'il faut retenir

– du sens aux sens : quatre voies pour appréhender la réalité :

– l'intelligence cérébrale, qui parle à l'intellect ;

– l'intelligence émotionnelle, activée par les cinq sens ;

– l'intelligence des sentiments, qui sollicite l'éthique ;

– l'intelligence intuitive, qui est le sixième sens, en quelque sorte.

Si leurs demandes sont satisfaites, les quatre intelligences réunies déclenchent l'envie, le mot clé de cette enquête.

### Le modèle ETI

Par leur dimension humaine, leurs circuits courts de décision, l'ancrage dans les territoires, les ETI se révèlent les mieux adaptées aux attentes actuelles des salariés de retrouver du sens et de l'envie.

# Chapitre 2.
# Six défis majeurs enchevêtrés

La guerre en Ukraine aura donc été notre « cygne noir », tout comme la Covid avait joué ce rôle dans le premier tome. L'expression a été popularisée par l'économiste philosophe Nessim Nicolas Taleb pour désigner des événements imprévisibles, qui viennent brutalement percuter l'économie, et « dont on met généralement quinze ans à se remettre », ajoute, en plaisantant à peine, Bruno Bouygues (GYS).

Concernant l'occupation russe, il n'est pas dit qu'elle ait été si imprévisible. En tout cas, pas du point de vue de l'un des dirigeants interrogés. Dès le 13 janvier 2022, le Suédois Alexander Wallsten (Ansvar Säkerhet), s'exprime ainsi : « L'insécurité politique peut nous jeter dans la guerre à notre frontière ou à l'intérieur de celle-ci et très probablement forcer des millions de personnes à fuir, ce qui a déjà eu un impact énorme sur la Suède et l'Union européenne. » Quand on lit ces notes après coup, on se dit qu'il n'est pire sourd que celui qui ne veut pas entendre. Quant au délai de quinze ans, on peut se demander si les *black swans* ne volent pas désormais avec la même régularité que les oiseaux migrateurs dont on attend le retour annuel, à l'exemple des cigognes en Alsace.

De toute façon, de quelle visibilité disposent les chefs d'entreprise ? Non seulement leurs difficultés sont nombreuses et disparates, mais elles s'enchevêtrent, et pire, en créent de supplémentaires. Elles ressemblent aux côtés d'un Rubik's cube© quand l'énigme de ce dernier n'est pas encore résolue. Les six faces composent une mosaïque, dont les monochromes d'origine peuvent toutefois être devinés. Apparaissent alors autant de grandes thématiques. Sans ordre d'importance, il s'agit de :

– La géopolitique, avec ses dommages collatéraux : le passage de la guerre économique à une économie de guerre et le retour de l'inflation, même si celle-ci était déjà bien latente avant le 24 février 2022. Et puis, dans ce contexte, une autre forme d'hostilité provoque des dégâts majeurs, sur la santé financière des entreprises, et celle des dirigeants, ce sont les cyberattaques.

– La deuxième source de difficultés découle à la fois de la guerre et de la pandémie. La réflexion sur la relocalisation et la souveraineté nous fait découvrir le montant de la facture de trente années de désindustrialisation française.

– Dans le même enchaînement, le troisième défi est largement conditionné par le deuxième : c'est la fracture entre la France qui entreprend et celle qui administre.

– Le quatrième vient aggraver les deux précédents : c'est la victoire du « je » sur le « nous ». La France est désormais morcelée en milliers d'intérêts particuliers. Dans ce pays devenu un « archipel » pour reprendre le mot du sociologue et directeur du département politique de l'IFOP, Jérôme Fourquet, l'entrepreneur est de plus en plus souvent mis à mal par des revendications égocentriques et, qui plus est, proférées avec violence.

– Le cinquième enjeu est également dans la foulée des précédents. Il réside dans ce marché de l'emploi, totalement déconcertant. Il l'est d'autant plus qu'il absorbe comme une éponge toutes les contradictions de la société civile.

– Enfin, le sixième défi tient à la révolution digitale qui, elle, ne connaît pas la crise, et ne rencontre aucune difficulté pour s'étendre sur toute la planète. Elle avance si vite qu'elle peut rendre ignorant un chef d'entreprise qui n'a pas suivi tous ses développements. Il peut alors verser dans l'illectronisme.

Voyons dans le détail comment chacun de ces défis est vécu par les décideurs.

## PREMIER DÉFI : LA GÉOPOLITIQUE, DE LA GUERRE ÉCONOMIQUE À UNE ÉCONOMIE DE GUERRE

En ce début d'année 2022, la maison mère de la Banque Lazard, à New York, a recruté, au rang de *senior advisers*, Bill Mc Craven, amiral, et John P. Abizaïd, général, pour apporter un prisme géopolitique aux discussions avec les clients. « Ils ont été visionnaires sur les risques d'une imminente intervention militaire de Poutine. Sur l'instant, nombre d'associés les ont écoutés d'une oreille distraite. Ils se demandaient vaguement s'ils n'en faisaient pas trop… Depuis le 24 février, ils sont largement impliqués dans des réunions avec nos clients. Nous savons tous combien il est important de savoir capter les signaux faibles », analyse Isabelle Xoual qui rapporte l'anecdote.

Il est vrai que la question géopolitique est arrivée brutalement sur le devant de la scène. Elle était un élément du décor de la pièce, elle est devenue un acteur principal. Même au début des entretiens en décembre 2021 et janvier 2022, le sujet n'était pas considéré comme la priorité des priorités. Il était certes jugé important, nous le verrons plus loin, mais pas au point d'occulter toutes les autres préoccupations.

« Jusqu'à encore ces derniers mois et depuis quarante ans, nous vivions dans l'idée d'un mouvement de mondialisation infinie et pacifique au profit d'une élévation mondiale du niveau de vie », reconnaît Salvatore Alaimo (Dimotrans Group). Pendant la période Covid, l'état d'esprit dominant était de se dire que la planète entière se trouvait dans la même galère. Dès lors, il était permis de penser que la solidarité mondiale allait primer. « Pourtant, poursuit le dirigeant lyonnais, spécialiste des transports et de la logistique, le Brexit aurait dû déjà nous alerter même si, dans mon activité, le retour de formalités douanières est un événement fort. »

Et de conclure, assez sombre : « Je crois qu'il nous faut nous préparer à un retour du protectionnisme et du repli sur soi. »

De fait, sommes-nous en train de basculer dans une autre ère, où nous passerions de la guerre économique classique à une situation, inédite en Europe depuis soixante-dix-sept ans, d'économie de guerre ? Bruno Bouygues (GYS) en est persuadé. Au point qu'il a inversé les concepts qui restent sans doute encore en vigueur dans les bonnes *business schools*. Lui ne parle plus de « *just in time* », mais de « *just in stock* ». Le jour de notre visite à Laval, en Mayenne, le dirigeant venait de passer commande de deux cents tonnes d'acier. Arcelor Mittal l'a appelé pour lui demander s'il n'avait pas eu le doigt un peu lourd sur le clavier, puisque, d'ordinaire, ses achats ne dépassent pas les deux tonnes. Mais non, c'était bien ce chiffre : « Je ne sais pas encore où je vais les mettre, explique-t-il, mais je sais que je devais le faire, avant que les prix explosent. » L'expérience des semi-conducteurs l'a instruit. Ils entrent d'une manière indispensable dans la fabrication des robots de soudure qu'il commercialise dans plus d'une centaine de pays. Il en a acheté tant qu'il pouvait, quitte à réaménager sans cesse les halls de production pour pouvoir les entreposer. Dans le cas présent, c'est la pénurie qu'il redoutait. De fait, actuellement, le délai d'approvisionnement est de 88 semaines. « Près de deux ans, vous imaginez ? »

De même, comme on peut le pressentir à ses propos, il a banni le « *fabless* » au profit de la « *giga factory* ». Certes, il avait d'abord amorcé ce virage en prévision de la révolution technologique à venir, où des robots, de plus en plus pointus dans leurs utilisations, pourront être construits sur mesure, dans une logique de grande série, mais à l'échelle de la planète, pour rentabiliser l'investissement. « C'est pour cela qu'il faut des usines géantes pour les produire. » Il n'empêche, si l'on veut désormais réceptionner des stocks de guerre, il est bon de posséder des mètres carrés en grandes quantités. À cette fin, Bruno Bouygues s'empresse d'acquérir le maximum de foncier. Mais, il en convient, cette stratégie a été rendue possible par son choix, décidé de longue date, de disposer en permanence d'une trésorerie importante.

Pour les nombreuses sociétés qui n'ont pas cette facilité, la difficulté triviale au quotidien est de parvenir à travailler, tout simplement. Depuis deux ans maintenant, la *supply chain* est désorganisée par la Covid. Il manque souvent une pièce ou un ingrédient, qui reste coincé dans un conteneur en Chine. Il devient délicat de mettre sur le marché un produit complet. C'était le problème pointé en premier, au moment des entretiens, par Philippe Bénacin (Interparfums) et Leslie Bréau-Meniger (Superga Beauty). Mais voici que la guerre provoque parfois la pénurie totale de produits.

Au moment des entretiens, les acteurs de l'agroalimentaire s'inquiétaient des moissons futures qui ne seraient pas récoltées dans le grenier à blé de l'Europe qu'est l'Ukraine. C'est naturellement le cas de Guillaume Réveilhac (Cérélia) puisque les pâtes à pizza ou les viennoiseries qu'il confectionne n'existent pas sans cette céréale. Mais c'est aussi un motif d'inquiétude pour Vincent Bagès (Rians) qui, lui, se préoccupe des fournisseurs de ses fournisseurs : aura-t-il du lait pour fabriquer ses fromages ? La réponse peut être négative, si les éleveurs peinent à nourrir les bêtes, parce que les aliments du bétail souffrent de carences en blé.

Les exemples de ce genre se sont multipliés au fil des semaines. Ainsi, Bernard Reybier (Fermob) est saisi un matin du problème de raréfaction des palettes d'occasion. Qu'à cela ne tienne, répond-il en substance à son directeur des achats, va pour des palettes neuves, le surcoût pourra être répercuté sans douleur dans le prix du produit final. Mais il s'entend répondre qu'il n'y a pas davantage de palettes neuves sur le marché : cette fois, c'est à cause d'une pénurie de clous ! Chez MicroPort CRM, cinquième fabricant mondial d'appareillages cardiaques, Benoît Clinchamps reconnaît commencer à avoir du mal à être livré en microprocesseurs. Jamais auparavant, il n'avait été confronté à de telles difficultés. L'urgence de santé lui conférait une priorité de livraison, sur les fabricants de smartphones par exemple. Mais depuis quelques mois, tout le monde est logé à la même enseigne, car l'épuisement des produits vient de la source : les mines de silicium sont à l'arrêt. Chez CPM France, témoigne sa présidente Véronique Motte, les équipes étaient mobilisées pour dynamiser une campagne d'abonnements, organisée par un opérateur téléphonique. Leur client a dû annuler : les boîtiers, pour pouvoir s'équiper de la 5G, restent bloqués en Chine.

« Et on n'a encore rien vu », prédit Pierre Boulet (Novares). Ses usines en Chine lui permettent de prendre le pouls de la planète. Or, les informations qu'il reçoit de ses directeurs, confinés depuis des semaines, ne sont pas encourageantes. Les consommateurs finaux n'en ont pas encore conscience, mais ils vont devoir se désaccoutumer de plusieurs mythes : notamment de vouloir tout, tout de suite ; ou bien de trouver normal que le prix des voitures baisse sans cesse. Car la pénurie vaut pour tous les produits de grande consommation, note en substance le sous-traitant automobile, qui prédit une désorganisation majeure des approvisionnements, pendant au moins six mois, aussi bien pour les réfrigérateurs que pour les batteries de voitures électriques. « Le grand rendez-vous de la vérité des prix est pour bientôt », conclut-il. Mais ce n'est pas être imprécateur que de parler d'inflation.

## Apprendre ou réapprendre à vivre avec l'inflation

Celle-ci était déjà perceptible avant le 24 février. Désormais, elle est là, et même pour longtemps. Selon les économistes de la banque Lazard, nous ne sommes qu'au début d'un cycle long. Une certaine incrédulité pouvait encore présider aux débats de conjoncturistes en début d'année 2022. Mais il n'a pas fallu longtemps pour admettre le principe de réalité. La guerre en Ukraine a donné un coup d'accélérateur à la hausse des prix en faisant exploser ceux de l'énergie. Or, cette dernière pèse largement dans le prix de certaines matières. « L'électricité représente 28 à 30 % du coût de l'acier », explique Bernard Reybier, dont l'entreprise Fermob est grande consommatrice pour la confection de ses meubles de jardin. La société Coriance est également grande utilisatrice d'acier. C'est le matériau des tubes qu'elle utilise pour installer des réseaux de chaleur ou de froid urbains. « Les prix ont bondi de 30 % ces dernières semaines », témoigne son P.-D.G. Yves Lederer. Il n'a pas pu les répercuter sur le prix final de ses contrats, puisque ceux-ci avaient été négociés de longue date avec ses clients, essentiellement des collectivités locales.

D'un point de vue de stratégie et de management, le retour de l'inflation offre un paysage intéressant, car deux générations de dirigeants se côtoient. Les uns, plus âgés, saluent le retour d'une compagne familière. Celle-ci avait marqué leurs débuts dans la vie professionnelle, dans les années 1975 à 1980, lorsque les chocs pétroliers à répétition alimentaient une hausse des prix à deux chiffres. Les autres, plus jeunes, avaient entendu parler de ce phénomène dans leurs livres d'Histoire ou d'économie, mais ils n'avaient jamais eu à la vivre personnellement ou professionnellement. De ce fait, les perceptions sont différentes. Les habitués voient les bons côtés : ils se souviennent de leurs remboursements de prêts, qui s'allégeaient d'année en d'année, quand le taux d'intérêt demeurait fixé à 4 ou 5 %, alors que l'érosion des prix tutoyait les 14 %. Les plus jeunes se posent quantité de questions. Quand la répercuter dans les tarifs ? C'est en particulier l'interrogation d'Olivier Campenon (Lefebvre Sarrut). Même si son activité s'est largement digitalisée, il reste encore grand consommateur de papier, jusqu'à trente tonnes par an pour imprimer les codes Dalloz et les mémos Lefebvre.

Une autre grande question est de savoir quand la répercuter dans les salaires. Le tempo est délicat. Plusieurs dirigeants avaient accordé des hausses en fin d'année 2021. Certains avouaient alors qu'ils ne savaient pas encore comment ils allaient les financer, mais ils ressentaient ce geste comme une nécessité. D'une part, pour manifester leur reconnaissance en saluant les efforts consentis par les salariés pendant les mois de confinement de 2020 ; d'autre part, pour maintenir la motivation, sérieusement mise à mal par de rudes conditions de (télé)travail. Malheureusement, la hausse des prix à la consommation des derniers mois aura eu pour effet d'anéantir cette gratification. À peine sera-t-elle perçue comme un rattrapage du pouvoir d'achat.

« Je crains que mes collègues ne doivent pratiquer une resucée », commente Jacques Marcel (GCC), lorsque ce cas lui est soumis. Il est d'autant plus conscient de la difficulté du problème que les conditions de recrutement restent tendues (ce point sera développé plus loin dans le cinquième défi : un marché du travail déconcertant). Il faut donc savoir se rendre attractif pour faire venir les talents. Le salaire fait évidemment partie du package de bienvenue. Mais à se livrer à une surenchère sur le terrain de la rémunération, les employeurs ne vont-ils pas rendre l'inflation autoréalisatrice, alors que c'est précisément ce qu'ils redoutent ? En tout cas, plusieurs dirigeants confient avoir provisionné pour consentir des hausses avant la fin de 2022. Généralement, la fourchette d'augmentation se situe entre 2 et 4 %. Mais ils ne se sentent pas tirés d'affaire pour autant. Bon nombre redoutent des secousses sociales. Surtout quand des disparités apparaissent dans le même secteur.

C'est le grand dilemme de Pierre Boulet chez Novares : « Nous sommes la tranche de jambon dans le sandwich, compare-t-il, entre un engagement de baisse auprès des constructeurs et le boum des prix de la chimie, de l'acier, des composants chez les fournisseurs. Je comprends très bien que mes salariés réclament une augmentation quand ils voient les primes obtenues par leurs camarades qui travaillent chez les constructeurs. Mais comment leur faire comprendre que ces cadeaux ont été financés en partie par nous et par l'ensemble des fournisseurs ? » Voici quelques années, l'industrie automobile avait développé un concept altruiste d'entreprise étendue, qui prônait la collaboration entre tous les acteurs de la chaîne : sous-traitants, constructeurs, distributeurs. Pierre Boulet déplore que d'aucuns aient détourné cette belle idée pour la remplacer par « l'entreprise TPM » (Tout Pour Moi).

Enfin se pose le défi pédagogique d'expliquer la hausse des prix non seulement aux clients finaux, mais aussi aux salariés. Cathy Collart Geiger (Picard Surgelés) a pris la plume, accompagnée d'un dessin, pour répondre à l'interrogation de plus en plus fréquente chez les responsables de magasin. Ces derniers devaient subir l'irritation des clients qui ne comprenaient pas que le prix du bœuf eut augmenté dans de telles proportions, alors qu'il avait été abattu à dix kilomètres de chez eux, comme le message sur l'emballage s'en glorifiait. La dirigeante du groupe a donc écrit un article, envoyé par mail aux 6 500 salariés, dans lequel elle décomposait, illustrations à l'appui, le prix final. Le bœuf se nourrit de céréales (+40 %) ; il est transporté par camion à l'abattoir (prix du carburant : +30 %). L'usine de découpe consomme de l'énergie et a augmenté les salaires. Les emballages en carton et en papier ont augmenté de 60 % et de 40 %. Le message est passé, mais son auteure sait qu'elle devra renouveler fréquemment l'exercice, car un nouvel enjeu occupe désormais toute la place dans le secteur de la distribution et des produits de grande consommation : le pouvoir d'achat est détérioré. Il menace de l'être de plus en plus. Jusqu'à quand ? Nul ne se hasarde à le prédire dans notre panel d'interviewés.

## LA GRANDE QUESTION À MOYEN TERME : SERA-T-IL TOUJOURS POSSIBLE DE FAIRE DES AFFAIRES ?

Et puis, la difficulté de pouvoir tout simplement travailler va trouver une autre illustration dans les prochains mois. L'interrogation ici soulevée s'installera probablement dans la durée. C'est que l'expression « pouvoir travailler » contient deux acceptions. La langue anglaise possède cette supériorité quand elle distingue « *I can* » (j'en ai la capacité physique ou technique) et « *I may* » (j'en ai l'autorisation).

L'aspect technique et logistique a été traité. Mais *quid* de la dimension morale et juridique ? En France, cette responsabilité nouvelle du dirigeant ne doit pas être sous-estimée. Sans doute parce qu'elles sont plus rompues à l'international, du fait de leurs fonctions et de leurs cultures, Isabelle Xoual (Lazard) et Glaura Grandi-Kartalian (Primagaz) préviennent toutes les deux du danger de ne pas être conformes aux règles de compliance[1]. Celle-ci inclut le risque de réputation. Il peut coûter cher sur les marchés financiers de continuer à commercer avec un pays hostile. « L'exigence en la matière s'accroît », prévient Isabelle Xoual. C'est pourquoi Glaura Grandi-Kartalian suggère de parler à l'avenir de RPSE, responsabilité politique, sociétale et environnementale des entreprises : « Ce n'est certes pas le rôle des entreprises de faire de la politique, reconnaît-elle. Nous devons rester neutres, mais surtout pas indifférents. Nous sommes condamnés à avancer sur des sables mouvants. »

Plusieurs des directeurs que nous avons rencontrés sont impactés par la crise russe. Leurs points de vue et leurs interrogations seront détaillés plus loin, lors du passage en revue des différentes zones à risque du monde. Comme on le verra, beaucoup de leurs questionnements restent encore sans réponse.

## Une autre guerre : les cyberattaques

C'est une autre forme de guerre, ou de virus. C'est ainsi que Marc Rocagel (Options) la présente : « J'ai eu deux Covid, explique-t-il. La seconde fois, c'était une cyberattaque. » À entendre, dans sa voix, l'émotion encore palpable quand il l'évoque, il est clair qu'il a vécu là l'un des moments les plus marquants de sa vie d'entrepreneur. Avec l'énorme réconfort de constater l'abnégation et la mobilisation de l'équipe d'informaticiens à ce moment crucial, mais aussi avec l'usure nerveuse qui en a découlé.

---

1. Conformité aux règles de bon fonctionnement d'une entreprise, règles éthiques notamment.

Vincent Bagès (Rians) peut le confirmer. Il illustre le principe énoncé en son temps par notre ancien président de la République, Jacques Chirac : « Les ennuis, ça vole en escadrille. » Entre novembre 2019 et mars 2020, l'entreprise a subi coup sur coup une attaque informatique, un incendie et le confinement. Sur la durée, la paralysie totale de l'activité reste l'expérience la plus traumatisante.

Certains événements ont l'art de pourrir la vie avant, pendant et après leur survenue. La cyberattaque plombe le dirigeant quand il craint que cela ne lui arrive. Jean-Thomas Schmitt (Heppner) y consacre un million d'euros d'investissements par an. Dans son secteur de la logistique, la valeur ajoutée à l'avenir proviendra de la maîtrise de la data. Il ne peut pas se permettre de voir son architecture digitale infestée par un maître chanteur informatique. Le sujet le préoccupe, et c'est une des raisons pour lesquelles il s'est rendu à des réunions entre ETI. Il voulait échanger avec ses pairs, profiter de retours d'expérience. Mais il était gêné, presque honteux, d'aborder ce thème : « C'était un peu comme les scènes, que l'on voit dans les films, d'alcooliques anonymes qui finissent par se reconnaître mutuellement. Je me suis rendu compte que je n'étais pas le seul. »

Loin de là, puisque déjà sur notre panel, au moins 10 % en ont été victimes. C'est dire s'il faut s'en préoccuper. Certes, la thématique est ennuyeuse au possible. Mais le dossier l'est encore plus s'il est délaissé. Les informaticiens sont au centre du dispositif, mais il ne faut pas les laisser seuls à s'en dépêtrer. D'abord, c'est une responsabilité collective. Ensuite, ils risquent de s'enfermer encore plus dans leur jargon si particulier. La communication sera d'autant plus compliquée.

Dans la phase de prévention, Guillaume Réveilhac (Cérélia) croit beaucoup à la pédagogie appliquée à tous. « Nous avons fait l'expérience d'inviter un champion de la cybersécurité à une réunion de direction. Mis au défi, il lui a fallu moins de cinq minutes pour "craquer" nos codes d'accès aux systèmes d'information. Il nous a donné une leçon qui peut servir à tous : dès lors que votre code comprend un mot du Larousse, un pirate le trouvera. » Voilà un investissement sans frais que de faire passer ce message à l'ensemble de ses salariés.

Lorsque survient l'agression, elle agit comme un bon *crash test* de la cohésion sociale, de la fluidité de l'information entre les services. Mais à quel prix ? Il y a bien sûr le stress, sans oublier la question taboue de la rançon, son montant et le consentement à la payer. Et puis, comme cela s'est passé chez CPM France, l'activité a été bloquée tout un été. « Depuis, prévient sa présidente Véronique Motte, nous sommes un véritable Fort Knox. »

Mais comment être sûr de posséder toujours une longueur d'avance sur les malfaisants ? « Peut-être en recrutant un ancien hacker ? », suggère Isabelle Xoual (Lazard). Le ton est celui de la boutade, mais sur le fond, elle ne plaisante pas tout à fait. En tout cas, elle conjure les dirigeants de prendre le problème à bras le corps, c'est un véritable risque opérationnel. « L'exigence des investisseurs et des *boards* s'accentue : elle atteint le degré de maturité qui était celui de la RSE il y a cinq ans. »

Plus personne ne pourra dire pour s'excuser qu'il ne savait pas. De toute façon, ce danger n'est qu'une facette de l'enjeu plus large qui est notre sixième défi : le danger pour les dirigeants de sombrer dans l'illectronisme, c'est-à-dire l'illettrisme à l'heure de l'électronique et de l'intelligence artificielle.

## Passage en revue des zones à risque

Même avant le 24 février, les dirigeants avaient commencé à réfléchir à la place de la France et de l'Europe. Ils tentaient de la resituer dans un monde partagé par des puissances dont la taille géographique et démographique empêche toute commune mesure avec nous. Dans la première édition, la prise de conscience était naissante. Au début de l'enquête, la réflexion apparaissait déjà plus aboutie, puis sur la fin, l'accélération a été fulgurante.

**La Chine** reste l'usine du monde. La guerre a pris une place prédominante dans les esprits, mais la logique de grands blocs n'a pas disparu. Elle reste l'horizon indépassable de nombreux dirigeants, du fait du secteur où ils œuvrent. Certes, elle est actuellement fragilisée par la pandémie qui ne finit pas. De même, elle verra peut-être repartir certaines activités relocalisées. Il lui restera sa dimension qui la rend unique, en particulier du fait du nombre de villes-mondes qu'elle héberge sur son territoire. « Quand, en France, on installe 12 000 ascenseurs par an, la Chine en installe 680 000 », compare Guillaume Fournier Favre (Kone France), qui poursuit : « Ce pays produit chaque année l'équivalent du patrimoine immobilier français. » Dans son domaine qui est la défense, un industriel anonyme donne un autre ordre de grandeur : « La Chine construit l'équivalent d'une marine française tous les quatre ans. » Même si c'est pour se réjouir de sa propre situation, la Chine reste le mètre étalon. Ainsi, Dominique Tourneix, le directeur général du groupe Oeneo, premier producteur mondial de bouchons pour le vin, se rassure de savoir que les chênes-lièges ne poussent pas bien dans ce vaste pays. « Sinon… » Il n'a pas besoin de finir sa phrase.

**L'Europe** inquiète les Scandinaves. On l'a vu plus haut, le conflit en Ukraine avait été pressenti très tôt en Suède. Il a eu pour effet consolant de donner un coup de fouet à la consolidation de l'Union européenne. Cela ne rassure pas totalement le Suédois Paul Gustavsson (Nordfalk, industrie minière) : « Ma grande préoccupation à long terme est la compétitivité de l'Europe. L'Union européenne risque de devenir un centre de soins pour personnes âgées dans le monde, avec seulement 3 % de la population mondiale. Nous devons surveiller très attentivement ce sujet. »

**La Russie** ne se résume pas à son dirigeant. À Moscou, Saint-Pétersbourg et dans les grandes villes du pays, le réseau de parfumeries L'Étoile est l'équivalent en France de Marionnaud et Nocibé réunis. Pour Interparfums, c'est son troisième partenaire en termes de chiffre d'affaires… Le jour de notre visite à l'usine de bouchons Diam Bouchage, la filiale du groupe Oeneo à Céret, dans les Pyrénées-Orientales, le hall d'expédition fournissait l'occasion d'accomplir un tour du monde immobile : sur les étiquettes des cartons, apparaissaient Le Cap, Melbourne, mais aussi la Russie, l'Ukraine, l'Azerbaïdjan et quantité de petits pays satellites de l'ancienne URSS. C'était avant le 24 février… Blachere Illumination exporte ses décorations de Noël à New York sur la cinquième avenue, mais aussi à Moscou et en Ukraine. MicroPort CRM a fourni en régulateurs cardiaques un nombre considérable d'hôpitaux russes.

Au-delà des préjudices économiques, la question ici posée est principalement de l'ordre de la conscience. Faut-il priver les Russes de parfums, de vins, d'illuminations pour les fêtes de fin d'année, voire de leur vie pour les cardiaques, au nom de sanctions qui visent principalement le dirigeant du pays ? Loin de nous l'idée de trancher cette question qui en appelle tant d'autres. Simplement, ces exemples montrent bien à quel point il est complexe de répondre à la question de la compliance abordée plus haut. Actuellement, c'est la Russie qui donne l'occasion d'aborder ce dilemme, mais le problème n'a pas fini de se reproduire dans bien d'autres endroits du monde.

**Les États-Unis** si peu préoccupés d'écologie. Parmi les dirigeants du panel, les relations avec les Américains sont soit d'ordre commercial, ou bien de relation de filiales avec leur maison mère outre-Atlantique. Dans les deux cas, le ressenti commun est la faible appétence de nos voisins d'outre-Atlantique pour les préoccupations environnementales, alors que c'est le sujet numéro un sur le Vieux Continent et notamment chez les jeunes. « Les Chinois sont plus en avance », note Philippe Bénacin (Interparfums). « Leur responsabilité dans le dérèglement climatique est considérable », s'inquiète Guillaume Fournier Favre (Kone France). Ce hiatus peut-il durer, ou va-t-il engendrer des motifs de friction ? Sur la fin des entretiens, un autre sujet qui fâche a commencé à émerger : l'exigence de rentabilité financière des investisseurs américains ne semble pas avoir été entamée par le renversement de conjoncture en Europe.

**Des conflits d'un genre nouveau** ne sont pas non plus à exclure. Patrice Bélie, président d'Adista redoute des guerres liées à l'accès à l'eau. Olivier Lamarie, P.-D.G. de Xylem France et Be-Lux, dont les solutions pour l'eau constituent précisément le cœur de son métier, s'inquiète plutôt des conflits liés à la « greenification », pour reprendre son expression. Il fait en particulier allusion à l'exploitation du lithium, nécessaire aux batteries des voitures électriques, qui assèche des lacs au Chili et oblige des populations à l'exode.

## DEUXIÈME DÉFI : LA FACTURE D'UNE FRANCE SANS USINES

La désorganisation de la *supply chain* a soulevé quantité de questions qui peuvent être déclinées sur le mode itératif suivant : en premier lieu, puisque la Chine, usine du monde, peut être amenée à faire défaut, si la pandémie persiste, existerait-il des plans B en France ? Au simple énoncé de l'interrogation, deux objections sont immédiatement formulées : le niveau de compétence requis et l'impact inflationniste.

Sébastien Huron (Virbac) et Bruno Bouygues (GYS) se rejoignent sur le premier point. « Il faut être là au bon endroit, au bon moment », explique le premier. Par ailleurs, il faut beaucoup moins de temps pour fermer une usine que pour en construire une… et ces choix stratégiques doivent donc s'inscrire dans la durée. « Il faut parfois plusieurs années pour accéder à un degré optimal du bien-travailler tous ensemble », poursuit le directeur du laboratoire de produits vétérinaires. Sans doute est-ce sa formation de biologiste ? Mais il est sensible aux temps longs de l'évolution. Ce qui vaut pour les espèces vivantes s'applique aussi à l'économie. C'est pourquoi la tentation de la relocalisation lui semble s'apparenter à une réaction à court terme. « Le processus de globalisation ne s'arrêtera pas », analyse-t-il, « c'est une lame de fond. Cela ne veut pas dire qu'il ne faille pas trouver des équilibres intelligents entre le local et le global, mais il ne faut surtout pas chercher à les opposer. »

Abondant dans le même sens, Bruno Bouygues (GYS) suggère cette comparaison musicale : « Une usine, c'est comme un orchestre. Vous pouvez faire jouer un pianiste seul n'importe où. Mais vous ne pouvez pas constituer un orchestre philharmonique du jour au lendemain pour qu'il se produise sur des scènes du monde entier. De la même manière, le savoir-faire collectif d'une usine ne voyage pas. »

« Et puis, si vous relocalisez, prévient Pierre Boulet (Novares), c'est le retour assuré de l'augmentation des prix des voitures, de la baisse des volumes et des tensions sur les salaires. » Eric Scotto (Akuo Energy) module quelque peu le propos, mais il est vrai que s'agissant de son activité, il s'agirait plutôt d'une localisation. Pionnier de l'énergie solaire, il connaît bien le savoir-faire chinois en la matière. « Ils sont très compétents, et surtout, ils ont tout de suite robotisé la fabrication des panneaux. La crise ukrainienne a consacré mon plaidoyer que je répète depuis dix ans sur la souveraineté énergétique. Avec le vent et le soleil, je propose une énergie gratuite, indéfiniment renouvelable et non inflationniste. En nous contentant d'importer le modèle chinois en France, nous pouvons assurer le développement de notre indépendance. Mais il faut pouvoir construire une *giga factory*, pour amortir le coût en visant le marché à l'échelle mondiale. » Une perspective séduisante, à cette réserve près qu'elle risque de buter sur un écueil qui sera développé plus loin, mais que l'on peut déjà résumer par cette formule prisée des Anglo-Saxons : « *Never in my backyard* » (jamais dans mon arrière-cour). Ils évoquent ainsi l'attitude des riverains qui s'opposent à tous les projets d'implantations.

Supposons cependant qu'une unité de production puisse être trouvée sur notre territoire. Peut-elle instantanément pallier la défection chinoise ? Non, pour ce qui concerne Philippe Bénacin (Interparfums), car l'usine qui ferait l'affaire à Deauville ne parvient pas à recruter de personnel pour surveiller les lignes de flaconnage. Le même constat de carence est dressé par Céline Gris (Gris Group) et Jean-Jacques Alexis (Bericap) : tous deux peinent ou échouent à recruter, ce qui freine le développement d'unités de production pourtant existantes et performantes.

Si par chance, toutefois, l'usine et les personnes sont là, sont-elles compétentes ? Pas assez souvent, témoigne à nouveau Jean-Jacques Alexis rejoint par Dominique Tourneix (groupe Oeneo). Le premier a même dû proposer un défi : si un an peut s'écouler sans un seul accident du travail, il organisera une paëlla géante. Le second se désole aussi de gestes maladroits et dangereux qu'il voit trop souvent, et qu'il attribue à la perte de la culture industrielle en France. Le constat est d'autant plus désolant que souvent c'est par dévouement et par envie d'être utile à l'entreprise que tel agent se met en danger. Pour rattraper une pièce défectueuse, il va plonger le bras dans une machine en marche sans se rendre compte qu'elle peut le broyer. C'est une tragédie pour les personnes, et en définitive, c'est toute la chaîne qui est perturbée.

Enfin, si l'usine est là, le personnel aussi et qu'il est qualifié de surcroît, nous devrions donc assister à un alignement des planètes ? Eh bien, non, c'est là qu'interviennent les opposants évoqués plus haut, les comités de riverains dont la défense de l'intérêt général dissimule souvent mal leurs visées personnelles. Il y a aussi le désintérêt de certaines autorités locales pour les entreprises. Pour toutes ces raisons emmêlées, la filiale du groupe Heppner à Montpellier a été expulsée de ses locaux. Elle n'était que locataire, et le propriétaire voulait récupérer son foncier. Le groupe n'a pas d'autres ressources actuellement que d'envisager de partir de Nîmes. Dans le département voisin ! Jean-Thomas Schmitt a retenu la leçon : « Il apparaît de plus en plus précieux d'être propriétaire de ses murs. » Mais même quand c'est le cas, cela ne présage en rien du futur. Car si le foncier n'est pas disponible pour s'agrandir, la stratégie de *giga factory*, promue par Bruno Bouygues et Eric Scotto, se heurte à un principe de réalité. La France ne possède pas de déserts comme Elon Musk a pu en bénéficier pour construire son usine géante Tesla aux États-Unis.

Il s'agit certes là d'un handicap pour la France, mais dans ce nouveau paysage qui se dessine, à base de sécurisation et de souveraineté, notre pays est-il si mal placé pour tenir une place compétitive ? Une nouvelle fois, la mise en perspective, grâce à nos grands témoins européens, est riche d'enseignements. C'est un Anglais qui en parle le mieux. À écouter Sunny Thakrar (voir encadré), on songe à la phrase de Churchill : « Quand on se voit, on se désole, quand on se compare, on se console. »

**Le dédain de la Grande-Bretagne pour les professions manuelles : un obstacle à la relocalisation**

Si la Grande-Bretagne voulait à son tour relocaliser des activités industrielles, serait-elle mieux armée que la France ? Il est permis d'en douter à la lecture de l'analyse de Sunny Thakrar, l'un de nos grands témoins. « Je ne veux pas revenir sur le Brexit, mais je pense que le manque de talents est un vrai problème laissé dans l'indifférence. Quand je parle de talent, je ne parle pas seulement des cadres, mais de tous les corps de métiers. Quand je m'occupais du fabricant de yachts Sunseeker, je pense que nous avons perdu des commandes par manque de compétences manuelles. Je regarde la France, l'Allemagne, l'Espagne, l'Italie, comment ils développent les gens, comment les compétences sont valorisées, dans la menuiserie, la plomberie, l'ingénierie, les poseurs de moquette, la valeur qu'ils y mettent et comment ces métiers professionnels sont respectés. En parlant d'eux, les gens ne froncent pas les sourcils et ne les méprisent pas. Ici, je pense que nous avons toujours un relent de snobisme. Personnellement, je pense que nous n'avons pas suffisamment investi dans le développement professionnel des gens dans ce pays. Hors de l'université, point de salut, c'est presque le mantra. »

Et puis, si notre territoire n'est pas assez grand, c'est peut-être à l'échelle géographique de l'Europe qu'il faut raisonner. C'est ce qu'a fait Thierry Herbreteau (Peters Surgical). Il a complètement revu sa chaîne de valeur à la suite de la Covid. « Dans notre domaine très régulé, explique-t-il, nous avions parmi nos fournisseurs beaucoup de TPE, très spécialisées, certifiées, mais potentiellement fragiles s'il leur arrivait une nouvelle épreuve comme le confinement. Nous avions un enjeu de "dé-risquer" notre activité. Nous avons donc commencé par dessiner un mapping des risques, tout en renforçant nos liens avec les fournisseurs. Cela nous a conduits à constituer trois hubs, dont deux en Allemagne, et compte tenu de notre activité mondiale, un troisième en Asie. À cette fin, nous avons racheté trois usines, entourées de fournisseurs de proximité. En définitive, nous sommes sortis ensemble de la crise, et plus forts. »

## TROISIÈME DÉFI : LA FRACTURE ENTRE LA FRANCE QUI ENTREPREND ET CELLE QUI ADMINISTRE

Le meilleur résumé du troisième défi nous est encore donné par Thierry Herbreteau quand il classe ainsi les zones du monde : « Les Américains innovent, les Asiatiques imitent (voire améliorent), les Européens réglementent, et les Français encore plus que les autres. » Après cette formule piquante, il poursuit en préconisant de s'interroger un jour sur le coût caché de la complexité réglementaire et législative.

En sa qualité d'éditeur du Code du travail (Dalloz), et de bien d'autres publications juridiques (le memento Lefebvre), Olivier Campenon éprouve toujours un malin plaisir, quand il rencontre des ministres et des députés, en compagnie d'autres décideurs, de leur faire remarquer : « Vous savez que je suis le seul autour de cette table à être heureux lorsque vous légiférez ! »

S'il n'y avait que le volume de textes, mais la difficulté relationnelle provient aussi de textes votés trop vite, avant vérification de leur faisabilité technique. Sur ce point, les relations en France entre les entreprises et l'Administration pourraient être perfectibles, c'est un euphémisme ! Mais au-delà de l'impression que le législateur est souvent hors sol, un ressenti d'incompréhension, de mépris, voire d'hostilité, s'est développé chez nombre de chefs d'entreprise. Il est particulièrement notable lorsqu'ils évoquent leurs relations avec l'exécutif et avec l'Administration, et cela peut être un motif inquiétant de conflits à terme.

Des textes prématurés, le secteur automobile en a pris sa part ces dernières années. Pierre Boulet (Novares) situe le commencement du processus au scandale du Dieselgate. Les constructeurs ont peut-être sous-estimé les conséquences de cette affaire. Toujours est-il que depuis lors, selon le sous-traitant, les pouvoirs publics décident sans se soucier, voire en se méfiant de l'avis des constructeurs, tant au niveau européen que français. Qu'il s'agisse des moyens ou du planning, de la date de passage à l'électrique ou à l'hybride, le tempo est dicté par la sphère politique. Les sachants techniques et commerciaux du monde industriel ne sont plus que des exécutants. « Le monde politique a voulu être de plus en plus vertueux », note Pierre Boulet. Lui-même, en tant que citoyen de la planète, adhère à toutes les démarches en faveur du climat et de la protection de la Nature. Mais à son niveau, il peut mesurer les effets pervers de certaines décisions, par exemple, le virage vers le tout électrique : un jour va venir où il faudra bien se mettre en face de la vérité des coûts. « Les voitures vont devenir inaccessibles au plus grand nombre. Une frange de plus en plus importante de la population va être privée de son droit fondamental d'accès à la mobilité. » Autre conséquence, sans doute mal calculée : « L'industrie européenne ne sera plus compétitive sur le marché des États-Unis et sera de plus en plus dépendante de la Chine. »

À leur niveau, les utilisateurs professionnels de véhicules confirment presque mot pour mot les analyses de leur pair. « Si la disparition du moteur thermique ne se fait pas par transitions, nous ne sommes plus là », prévient le transporteur logisticien Jean-Thomas Schmitt (Heppner). « Sur 850 tournées quotidiennes que nous organisons, 85 % s'effectuent en sous-traitance. Ce sont de petits entrepreneurs, souvent même ce sont des artisans qui possèdent un fourgon et qui se fournissaient sur le marché de l'occasion qui va s'éteindre pour les véhicules thermiques. Ils n'auront pas les moyens de renouveler leur flotte, et nous ne pourrons les accompagner que jusqu'à un certain point. L'État devra les subventionner. »

Au passage, il devra aussi unifier ses relations avec les municipalités. Plusieurs grandes villes, comme Lyon, ont interdit l'accès aux camionnettes polluantes. Jusqu'à ce que les édiles constatent que toute activité avait cessé dans leurs centres. Et pour cause, les livreurs ne pouvaient plus s'approcher du client final, les artisans de leurs chantiers, etc. Les élus les plus raisonnables ont fait marche arrière, mais ce mouvement perpétuel d'un pas en avant deux pas en arrière est déstabilisant pour les entreprises.

D'autant qu'il ne suffit pas d'avoir les moyens de se conformer à la loi, encore faut-il en avoir la possibilité technique. « Au 1er janvier 2024, nos camions devront passer en Crit'Air 1, explique Marc Rocagel (Options). Je dois donc renouveler ma flotte. Mais l'offre sur le marché n'est pas satisfaisante. Les tout électriques n'ont pas la charge utile suffisante, leurs batteries sont trop volumineuses. Des véhicules au gaz ? Mais je n'ai pas de station à proximité. Si j'en installe une, c'est un investissement d'un million d'euros. » Pour zéro centime de chiffre d'affaires supplémentaire. Le spécialiste du matériel de réception envisage une solution à base de biocarburants.

Les fournisseurs d'énergie n'ont pas commis de Dieselgate, mais eux aussi sont comme en pénitence. Toute en sourire, la présidente de Primagaz n'en est pas moins sévère sur le fond. « Le gouvernement a beaucoup d'imagination ! », note Glaura Grandi-Kartalian sur un ton plaisant, mais c'est pour déplorer son incompréhension : « Il interdit aux acteurs du secteur de communiquer, tant qu'ils n'ont pas atteint la barre de 50 % d'énergie renouvelable. Pourtant, nous sommes parmi les mieux placés au classement EcoVadis ! »

Son secteur n'est pas a priori le plus polluant, mais dans la cosmétique, Philippe Bénacin (Interparfums), pourrait aussi reprendre à son compte les remarques de ses confrères : « La législation va trop vite, déplore-t-il, elle aboutit à changer les jus. » Au risque, pour le consommateur, de ne plus retrouver la fragrance de son parfum tellement elle aura été dénaturée.

Encore un texte hors sol ? La loi qui interdit le bouchon dissociable de la bouteille. De la sorte, le consommateur ne sera plus tenté de le jeter par terre. En attendant, il contraint le président-directeur général de Bericap, Jean-Jacques Alexis à un investissement de 30 millions d'euros. Là encore, la dépense obligatoire ne procurera aucune recette supplémentaire. Elle inspire cette phrase ironique au dirigeant : « Je vois en France quantité de sauveurs de la planète, mais personne, apparemment, pour éteindre l'allumette. »

Un dernier exemple d'incompréhension : au sortir du confinement, une mesure a consisté à obliger de rester assis pour boire ses consommations dans les bars. Le réseau de franchisés V and B a dû la mettre en application, alors qu'elle est l'exact contraire du concept développé par le réseau de caves et de bars ! Comme l'explique son directeur général, Antoine Porcher, « nous préférons que les consommateurs restent debout parce qu'ils créent du mouvement et renforcent ainsi une image de dynamisme ». En la circonstance, sans le vouloir, le gouvernement allait à l'encontre du projet d'entreprise imaginé par l'enseigne !

Plus grave est la mauvaise expérience vécue par plusieurs de nos dirigeants lors de leurs rencontres avec le pouvoir et l'Administration. Leur relation a été marquée selon eux par le mépris, voire l'hostilité.

Bernard Canetti, le fondateur de la méthode de rééquilibrage alimentaire Comme J'aime se sent certes écouté, voire reconnu au sommet de l'État. « Nous avons même des égards qui nous font du bien », mais les relations se dégradent aussitôt après. « La technostructure reprend le pouvoir », observe-t-il, et l'on paie cher alors d'avoir été exposé, car on devient vite surexposé : « Dès que l'on devient visible, on en prend plein la figure de la part des représentants de l'Administration. Il n'y a pas de bienveillance vis-à-vis de l'entreprise dans de nombreux compartiments de la fonction publique : l'erreur est vite transformée en faute. »

Dans le premier ouvrage, un dirigeant avait présenté la France et son administration comme un « pur-sang drivé par un jockey obèse et qui, en plus, se prend pour le cheval ». Apparemment, aucun progrès notable n'est à signaler dans la relation de la fonction publique avec les entreprises. « Il faut croire que c'est assez franco-français de se méfier ainsi de l'entreprise », note Glaura Grandi-Kartalian, qui a longtemps été en poste à l'étranger, au Brésil notamment. « Généralement, ailleurs, on la laisse travailler, la relation est plus confiante. »

En tout cas, lorsque de telles difficultés relationnelles apparaissent, « il ne faut pas rester seul, conseille Thierry Herbreteau (Peters Surgical), mais avancer en groupe, pour aller parler aux pouvoirs publics, comme le fait le METI par exemple. Plus que jamais l'union fait la force, ou plutôt la voix ! »

## QUATRIÈME DÉFI : UN PAYS ? NON, UN ARCHIPEL !

La fragmentation était sans doute à l'œuvre depuis longtemps. Elle est apparue au grand jour au moment de la crise des Gilets jaunes ; les réseaux sociaux l'ont aggravée en favorisant la propagation de la haine ordinaire ; et l'énervement accumulé au moment du confinement a parachevé le travail. Pour reprendre l'expression du politologue Jérôme Fourquet, la société française n'a pas seulement été découpée à la manière d'un « archipel » de fragments de territoires, de tribus et de micro-communautés, elle est aussi devenue plus égocentrique, plus anonyme et plus violente.

Le « je » a remplacé le « nous », déplore Guillaume Fournier Favre (Kone France), et le « on » a remplacé le « je », précise Bernard Canetti (Comme J'aime). Le premier désigne ainsi une poussée généralisée de l'individualisme, chez les clients, les salariés, les citoyens. Le second pointe une tentation marquée de s'abriter derrière le groupe, comme pour s'exonérer de sa responsabilité individuelle.

Il émane de ces comportements un sentiment diffus de mal-être et de nervosité à fleur de peau. Le phénomène a dû prendre de l'ampleur en deux ans, puisque dans la première édition, aucun dirigeant interrogé n'en avait fait mention. À l'inverse, le nombre de témoignages venus spontanément dans la conversation apparaît comme un des enseignements majeurs de cette seconde série d'entretiens.

Il est vrai que lorsqu'on a été personnellement visé par ce genre d'incidents, on en ressort marqué. Le souvenir reste vivace, même longtemps après, comme cela ressort de la compilation de « faits divers » rassemblée ci-dessous.

Yves Lederer travaille beaucoup avec les élus locaux puisque le cœur de métier de la société qu'il a contribué à créer, Coriance, est de fournir des solutions alternatives de chauffage et de climatisation, à travers des réseaux de chaleur et de froid urbains. L'exigence environnementale devrait donc plaider pour lui. Mais même si c'est le cas, il constate un durcissement des relations, qu'il attribue en particulier à l'évolution des relations au sein de la société, et notamment aux réseaux sociaux. « Les édiles y subissent des pressions, ils sont victimes de calomnies. Ils déportent leur stress sur nous. » Parallèlement, lui et les municipalités doivent composer avec les recours très fréquents déposés à chaque projet d'équipement. Les travaux sont alors arrêtés, la viabilité des contrats s'en trouve menacée. Le moi-moi-moi finit par l'emporter sur l'intérêt général.

Le groupe Adista venait d'obtenir le prix du champion de la croissance. Son président, Patrice Bélie, a pensé que la fierté des salariés pouvait être partagée. Il a commandé une campagne d'affichage. Une altercation entre un colleur et un passant lui a rappelé qu'il fallait embarquer tout le monde dans l'entreprise, réconcilier le collectif au sein de la société, donner une visibilité et permettre une compréhension du projet global et de ses perspectives.

Antoine Porcher (V and B) est encore sous le choc du torrent d'insultes qu'il a déchaîné sur les réseaux sociaux à la suite d'une opération fête des Mères. L'objet de la colère était une publicité à dominante rose, vantant une bière à la cerise. Il a été reproché au groupe d'être misogyne et de véhiculer les clichés sur les femmes en choisissant cette couleur. « Alors que tout chez nous, dans notre philosophie, nos magasins, nos produits, est fondé sur l'ouverture aux autres, à la diversité, à la différence ! » Le jeune directeur général et père de famille en a été meurtri. Le jour de notre rencontre, il songeait à faire imprimer sur les bâches de ses vingt semi-remorques de livraison qui sillonnent toute la France des messages de fraternité afin d'inciter ses compatriotes à retrouver le goût du bien vivre ensemble.

Les fractures sont multiples, mais dès qu'il est question de la querelle entre générations, elles se multiplient à l'infini. On est toujours le vieux de quelqu'un. Bernard Canetti en accepte l'augure : il est le plus ancien et le plus âgé des entrepreneurs de notre panel. Il sait bien que les millenials peuvent être sans pitié pour les actifs de son âge. Sa vision des jeunes générations est exigeante sur le fond et sur la forme.

Sur le fond, il adresse le même grief que nombre de ses pairs, comme on le verra plus loin dans le sixième défi : ils se fient trop à la manipulation de la data, privilégient souvent la vitesse de la synthèse à la rigueur de l'analyse, peuvent oublier les contrôles de « cohérence » et ne réfléchissent pas assez par eux-mêmes pour établir leur propre jugement. Il conviendrait au minimum qu'ils apprennent à hiérarchiser les masses d'informations récoltées grâce aux bases de données de toutes sortes. De même, ils veulent à la fois de l'autonomie et de la réassurance. Leur première aspiration les conduit à vouloir être indépendants sans développer leur esprit critique à l'égard de leur propre conviction. La seconde les amène à être demandeurs : « Ils veulent qu'on leur raconte une histoire. Attention à l'infantilisation ! »

Sur la forme, il ressent douloureusement certains mots et gestes, qu'il vit comme un manque de respect. « L'autre jour, une jeune femme du CSE m'a dit textuellement : “Vous devriez avoir moins d'ego.” Je suis quand même son président ! » Et puis, il y a ce tutoiement généralisé. Il y est plutôt favorable, mais quand il vire à la « familiarité inappropriée », il ne le supporte pas. « Vous avez remarqué, nous dit-il au cours de l'entretien, que nous nous vouvoyons. Je suis au regret de vous informer que nous sommes de vieux croulants ! »

Des dirigeants plus jeunes, entre 40 et 50 ans, pensaient ne pas avoir de difficultés de communication avec leurs cadets. À 39 ans, Antoine Porcher est bien amené à convenir qu'il ne comprend plus tout à fait le mode d'emploi des 25-30 ans.

« De toute façon, conclut Véronique Pican, dont la moyenne d'âge de ses équipes est de 28 ans, que les quadras se rassurent, s'ils se sentent très différents des trentenaires. Eux-mêmes ne comprennent pas ceux de 25 ans. Les jeunes de 20 ans que je reçois en stage n'ont rien à voir non plus. Et quand je vais dans les écoles présenter nos activités, je découvre encore une autre population. »

D'une tranche à l'autre, les aspirations changent, leur vocabulaire aussi. Cela ne facilite pas la communication. À propos de cet enjeu, de parvenir à bien se parler, il apparaît plusieurs domaines de l'entreprise où il devient difficile d'entretenir des relations empreintes de civilité. Les mauvais rapports entre sous-traitants et donneurs d'ordres sont particulièrement pointés. Céline Gris (Gris Group) déplore la dépersonnalisation des relations commerciales, tandis que Pierre Boulet (Novares) reconnaît avoir commencé à s'adresser à certains constructeurs automobiles par avocat interposé. « Le courrier type est bien rodé, explique-t-il. Chaque fois qu'il ne remplit pas ses obligations contractuelles, nous demandons au constructeur de les respecter. Par ailleurs, lorsque nous subissons des hausses de prix de nos fournisseurs, alors que nos clients refusent de les reconnaître, nous sommes parfois obligés de refuser les hausses des fournisseurs. Ces derniers, refusant alors de nous livrer, nous mettent dans l'incapacité d'assurer la production de certaines pièces que nous sommes les seuls à produire. L'expérience a montré qu'il devenait alors beaucoup plus rapide de trouver une solution. » Dans le même secteur d'activités, Céline Gris confirme cet état de fait, et elle le déplore.

Les relations avec les clients se dégradent aussi. Pour Bernard Canetti, « la quête de qualité totale est devenue requête, la perfection est désormais une réclamation. Cela se voit chez le client, mais aussi chez les partenaires, les salariés. Le zéro défaut n'est plus un objectif louable, mais la normale, et au premier début de défaut, on devient suspect. »

Bon nombre de ces crispations risquent de s'accentuer si la situation économique se dégrade encore. Mais il existe des méthodes pour désamorcer tous ces conflits souvent nés d'une poussée de stress. Il y a en particulier les méthodes pour accéder au « mode mental adaptatif ». C'est pour cela que le prochain chapitre leur est consacré.

Cependant, la situation qui vient d'être décrite ne peut pas être totalement expliquée s'il n'est pas tenu compte de la configuration atypique du marché de l'emploi actuellement. Si certains salariés s'autorisent la désinvolture ou l'aplomb, c'est qu'ils savent que les conditions de l'offre et de la demande leur sont favorables. Là encore, c'est un phénomène inédit. Il fait l'objet du cinquième défi.

## Cinquième défi : un marché du travail déconcertant

Parmi la variété des dix-huit secteurs qu'ils représentent, quel que soit le pays où ils sont implantés en France, Grande-Bretagne,

Suède, Finlande, Danemark et Allemagne, pas un dirigeant[1] n'a pu se flatter de recruter facilement. La dégradation de la conjoncture aurait pu atténuer la tendance, il n'en est rien. La nature du marché du travail a changé. La tendance est apparemment durable, car elle est alimentée par deux puissants courants. D'une part, la pénurie frappe un nombre croissant d'activités ; d'autre part, le basculement soudain dans ce qu'il est convenu d'appeler « l'hybridation du travail » a désorienté des milliers de salariés. Du travail à distance à la distanciation avec le travail, le pas pour un nombre important de personnes a été franchi.

« Nous vivons désormais dans un marché de candidats », résume Eric Scotto (Akuo Energy), et d'illustrer son propos par ce raccourci parlant : « C'est nous qui les recrutons, mais ce sont eux qui nous challengent ! » Le ressenti est tellement partagé que les illustrations de revendications au moment de l'embauche abondent. En d'autres temps, elles auraient été jugées hallucinantes, elles sont pourtant consenties : un clavier de gamer pour ce jeune développeur chez Equativ [ex-Smart AdServer France], un fauteuil ergonomique pour cet ingénieur chez MicroPort CRM. Dans la même société, dont le siège est à Clamart, son président Christophe Clinchamps a recruté non sans mal une juriste. Il a pu négocier avec une ex-avocate qui a posé ses conditions : pas question pour elle de quitter Cannes. Il a bien dû accepter.

Chez Coriance, dont le siège est à Noisy-le-Grand, un collaborateur talentueux a dit récemment à son supérieur : « Je me sens bien chez vous, mais je pars m'installer à Vannes. Donc, si vous voulez me conserver, il va falloir aménager mon contrat pour acter le télétravail. » Comme ce fait accompli n'était pas isolé, le président de la société, Yves Lederer, a dû organiser un comité de direction spécial sur ce sujet. Il en a tiré les conclusions suivantes : d'abord, ne rien généraliser, mais prendre au cas par cas les de-

1. Sauf Isabelle Xoual à la banque Lazard.

mandes ; ensuite, dans l'examen de ces dernières, juger en priorité la nature de la mission de ce collaborateur, et enfin, tenir compte de sa valeur individuelle.

Le télétravail : le mot est lancé ! « Il a complété la RTT dans les critères de sélection des personnes en phase d'embauche », ironise Salvatore Alaimo (Dimotrans Group). Tous les aspects de cette question seront développés au chapitre 4. Mais Yves Lederer souligne aussi un point crucial quand il évoque la valeur humaine du collaborateur. La pénurie et l'urgence à pourvoir des postes pourraient favoriser la tentation d'être moins exigeant sur la qualité du savoir-être de la personne recrutée. Bernard Reybier (Fermob), Jacques Marcel (GCC), Valérie Decamp (Mediatransports), Cathy Collart Geiger (Picard Surgelés) s'accordent pour dire qu'il ne faut surtout pas tomber dans ce piège. Mais ce n'est pas facile.

D'autant que, comme le confie un dirigeant anonyme, il faut déjà faire des concessions pénibles : « Face aux exigences de jeunes recrues, que je suis bien obligé d'accepter, je dois mettre de côté certaines de mes valeurs, celles liées au travail notamment. » Pour Céline Gris (Gris Group), le recul de la valeur travail est aussi le plus grand sujet de préoccupation du moment. Au moment de l'entretien, elle avait sous les yeux la pré-restitution d'une enquête sur la santé au travail dans son entreprise. Un chiffre l'inquiète : 21 % des collaborateurs se sentent désengagés. Pour elle, c'est l'illustration du phénomène de la grande démission.

Elle voit celle-ci aussi dans d'autres signaux révélateurs. « Des gens quittent leur travail et la région, sans avoir rien trouvé en remplacement. » Comme son groupe possède aussi une usine en Allemagne, elle peut confirmer la dimension générale du phénomène. « Auparavant, le *turn-over* était là-bas de 2,5 %, il a bondi à 6,5 %. » Autre signe qui ne trompe pas : « Je n'ai jamais eu autant d'arrêts de travail pour mal de dos. C'est vraiment le mal du siècle. Les gens en ont plein le dos. Du coup, ils prennent des décisions à mon sens irréfléchies : ils nous plantent pour 20 euros de mieux chez un autre employeur. »

À cet enjeu de devoir réconcilier les salariés avec la valeur travail, Jean-Jacques Alexis (Bericap) charge la barque en soulevant un défi supplémentaire : « Il faut préparer les esprits et les entreprises au fait qu'il faudra travailler jusqu'à 67 ans. » Il s'y emploie personnellement par la pédagogie et le symbole. Il a recruté récemment une personne de 60 ans. « J'ai essuyé des remarques. On m'a dit : il ne restera pas plus de cinq ans. Mais dans les conditions actuelles du marché, c'est déjà très long ! Et le plus important, c'est l'envie. »

## Sixième défi :
## le danger d'illectronisme des dirigeants

Par commodité de langage, nous évoquons sous la même têtière les réseaux sociaux, les fulgurantes avancées du digital, la révolution à venir des robots connectés au cloud, l'entreprise métaverse, l'intelligence artificielle et autres NFT.

Vous ne savez pas ce que recouvrent ces trois dernières lettres ? Alors, c'est que vous avez plus de 30 ans, pour reprendre l'expression de Philippe Bénacin (Interparfums).

Il s'agit d'œuvres d'art virtuelles, ou plus précisément de Non Fungible Token. Selon la définition de Wikipédia, elles se définissent comme « une donnée valorisée », composée d'un type de jeton cryptographique qui représente un objet souvent numérique, auquel est rattachée une identité numérique, reliée à au moins un propriétaire. Le président du groupe de cosmétiques a été amené à s'y intéresser parce qu'une offre de publicité pour Rochas lui avait été proposée sur ce type de vecteur. Il a été sidéré de découvrir les montants de prix atteints par ces créations (pour exemple, le NFT du footballeur Neymar est valorisé un million de dollars).

Cette anecdote illustre bien le dilemme de la plupart des dirigeants. Quelle juste place accorder à ces innovations qui sont parfois des révolutions, mais aussi éventuellement de fausses bonnes idées ? Si l'on est trop « geek » (passionné obsessionnel de l'informatique), on risque de transformer ces outils en mauvais maîtres alors qu'ils ont vocation à n'être que de de bons serviteurs. Souvent, c'est le reproche fait par les patrons aux jeunes : ils manient ces outils comme une seconde nature, mais ils ne donnent pas forcément de sens à ce qu'ils font. Ils accumulent de l'info, des data, des données, mais sans les hiérarchiser, les prioriser. De sorte qu'aucune conclusion opérationnelle ne ressort de leurs travaux. C'est en particulier le grief de Bernard Canetti (Comme J'aime), comme on l'a vu plus haut. C'est aussi celui de Dominique Tourneix (groupe Oeneo), qui dit à ses jeunes recrues que « trop d'infos tue l'info ». Un troisième dirigeant parle en la matière « d'infobésité. »

À l'inverse, si l'on reste trop distancié, on finira par se laisser distancer, au risque de sombrer dans l'illectronisme. Le mot est la contraction d'illettrisme et d'électronique. C'est une plaie sociétale. Elle n'épargne pas les dirigeants. Le défi de la cyberattaque nous l'a montré : souvent, la crise survient d'une prise de conscience trop tardive, et après l'accumulation, pendant plusieurs années, d'un laissez-faire.

« Il faut s'informer un minimum », martèle Véronique Pican (Equativ [ex-Smart AdServer France]). Elle le voit bien dans son secteur disruptif où elle met en relation les budgets publicitaires des marques avec tous types de producteurs de contenus numériques, quel que soit l'écran : « Certains patrons ont trop délégué, à Google par exemple. » Ils ne se sont pas rendu compte qu'ils lui transféraient toute la valeur ajoutée de leur relation patiemment bâtie avec la clientèle.

L'enjeu de se former en permanence aux innovations est d'autant plus sérieux que des sommes importantes doivent être engagées. Jean-Thomas Schmitt (Heppner) fait observer qu'en dépit de la croissance fulgurante de son chiffre d'affaires en quelques années, la marge nette reste stable. « C'est parce qu'une partie substantielle de ce gain est investie dans l'informatique (digitalisation, data, cybersécurité). » Mais encore faut-il que ces sommes soient consacrées à se doter des bons équipements. Il ne faut donc pas se tromper sur le choix d'investissement. Le danger d'un *write off* sur une dépense d'équipement inadéquate ne peut jamais être totalement écarté.

Les virages sont là. Il faut les prendre maintenant. Si l'on veut rester dans la course, il faut savoir que le rythme de cette dernière s'est accéléré. Un seul exemple, mais spectaculaire, pour en attester, celui de GYS à Laval. En avril 2021, une plateforme logistique a été inaugurée, apparemment gigantesque, elle était prévue pour accompagner la croissance des dix prochaines années. Elle est déjà saturée. L'explosion du digital en est la cause. Bruno Bouygues l'explique en situant l'amorce du virage aux premiers mois de la pandémie et surtout, au confinement planétaire qui s'en est suivi. « Les gens ont eu le temps. Ils ont passé des heures devant les écrans. Ils se sont mis à consulter des catalogues, et nous avons reçu des demandes directes, en provenance du monde entier, qui court-circuitaient nos grossistes. Nous livrons à l'heure actuelle 132 pays, sans que nous ayons eu besoin de les démarcher tous ! Nous n'avons certes pas vocation à livrer directement le client final, mais le curseur de la valeur ajoutée s'est déplacé en notre faveur, au détriment de nombre d'intermédiaires commerciaux, qui ne disposaient pas, il est vrai, d'une grande barrière à l'entrée. »

Olivier Campenon (Lefebvre Sarrut) reconnaît que son recrutement doit beaucoup à la conversation qu'il a eue avec les actionnaires du groupe, où il leur a expliqué la différence entre numérique et digital. « Ils ont découvert tous les nouveaux enjeux induits par la révolution dans la relation client. Elle s'est inversée. Cela oblige à revoir le mode de fonctionnement tout entier d'une entreprise. »

Pour Olivier Campenon cependant, la fracture numérique est davantage constatée chez les classes d'âge plus anciennes, qui se retirent progressivement des affaires. Elle devrait se réduire avec l'arrivée des millenials aux responsabilités. Il n'empêche, un vrai problème demeurera, de formation, et il vaut pour toutes les générations : « Qui est capable de dire de quoi est fait un smartphone ? », interroge-t-il, lui qui a travaillé dans le secteur avant de rejoindre l'édition juridique.

De fait, l'ignorance accumulée chaque fois qu'un nouveau produit apparaît sur le marché accroît nos vulnérabilités. C'est une illustration de l'illectronisme. Dans ce même registre, le président d'Adista manifeste une inquiétude supplémentaire. Lui qui est de plain-pied dans les nouvelles technologies, puisqu'il est le troisième opérateur de services hébergés en France auprès des professionnels redoute la grande panne d'énergie et ses conséquences sur ceux qui s'étaient entièrement reposés sur la machine. « C'est pourquoi, plaisante-t-il, je ne cesse de dire à mes enfants qu'il est important de savoir écrire à la main – tout en maîtrisant les possibilités fabuleuses offertes par le numérique ! Par ailleurs, chez Adista nous doublons toutes les chaînes d'alimentation en énergie de nos data centers pour garantir leur continuité d'exploitation. »

Et puis, ici aussi, le respect de la compliance est crucial. L'impératif est particulièrement souligné par Véronique Pican (Equativ [ex-Smart AdServer France]) qui manie quotidiennement les règles de la RGPD ainsi que les recommandations de la CNIL. Les milliards d'informations collectées opèrent, qu'on le veuille ou non, des intrusions dans la vie privée des gens. En France, les citoyens, les pouvoirs publics, mais aussi les consommateurs sont très pointilleux sur le sujet. C'est pourquoi, dans cet univers virtuel qui est son quotidien, et même si l'entreprise métaverse doit advenir un jour, elle ne cesse de rappeler cette vérité fondamentale : « Il faut toujours revenir à l'humain. »

Ce rappel est d'autant plus salutaire que l'on finirait par oublier que jamais une technologie n'a produit de sens par elle-même. C'est l'usage qui en est fait qui la sublime ou la dévoie. Pour autant, si l'humain, et en particulier le dirigeant, demeure dans l'ignorance totale de ce qui s'invente tous les jours, il restera borné. Il n'aura pas conscience des vastes étendues qui peuvent s'offrir dès lors que l'on élargit le champ des possibles. Il passera à côté d'opportunités de croissance, ou bien il se verra disrupté.

Plusieurs dirigeants de notre panel, en étant conscients de cette évolution, se rendent compte aussi que la réponse aux besoins futurs dans leur secteur ne pourra pas venir de leur matrice. Aussi se rapprochent-ils de nouveaux acteurs qui n'ont pas leur inhibition. Ils rachètent des start-up, à l'exemple de Salvatore Alaimo (Dimotrans Group) : « Parce que, explique-t-il, dans mon secteur du transport et de la logistique, les avancées du numérique provoqueront des révolutions dans l'offre des prestataires et les comportements des consommateurs. Quelles seront les nouvelles exigences du marché ? Ce sont des entrepreneurs des nouvelles générations, libérés des contraintes organisationnelles des entreprises de la "vieille économie", qui sauront leur apporter la réponse. » Dans son secteur de l'organisation de réceptions et d'événements, le président d'Options a senti une évolution semblable. Il a racheté une start-up spécialisée dans la coordination technique d'événements et qui s'appuie sur un outil digital très innovant. Bien lui en a pris quand il a découvert qu'une grande famille française avait organisé un mariage important par le canal de cette jeune entreprise dont le portail digital est très pratique et convivial. « Sans cette acquisition, reconnaît Marc Rocagel, je n'aurais peut-être pas pris conscience que l'on ne se marie plus aujourd'hui de la même façon qu'hier. » Ces deux exemples illustrent la vérité résumée par cette boutade : la première ampoule électrique n'a pas été inventée par le dernier fabricant de bougies.

## QUID DE L'ENVIRONNEMENT ET DU TÉLÉTRAVAIL ?

Cette liste déjà longue de défis peut malgré tout donner l'impression d'être incomplète. Il manque notamment la conversation environnementale et le télétravail. Mais c'est à dessein. Ces deux absents sont en réalité très présents. Simplement, dans la plupart des entreprises interrogées, ils ont dépassé le stade du défi, qui est une projection dans le futur, pour être au contraire une réalité quotidienne. C'est pourquoi ils sont développés dans le chapitre 4 consacré aux valeurs.

L'environnement est traité dans le thème du respect, parce que parmi les huit commandements dans lesquels se reconnaissent les dirigeants figure le respect (de soi-même, des autres et de l'environnement). Le télétravail s'intègre dans la partie dédiée à la confiance. En effet, comme l'avait fait observer Pascal Demurger, président de la MAIF et préfacier du premier tome, lorsqu'il avait été l'invité de la soirée débat de lancement, « le télétravail est l'expression la plus aboutie de la confiance dans l'entreprise ». Il réunit sous son nom la confiance que l'on a en soi pour s'organiser, la confiance que l'on a envers les autres, pour qu'ils s'organisent, et la confiance que l'on a dans l'avenir pour que cette organisation de travail perdure sans altérer l'âme de l'entreprise, sa productivité, sa créativité. Mais comme on le verra, le débat est riche et contradictoire. Chaque intervention mérite d'être écoutée, car chacune contient sa part de vérité.

Et puis, se pose la question fondamentale : est-il bien nécessaire de s'évertuer à dresser une *checklist* ? Pour qu'elle soit complète, il faudrait penser à l'impensable, ce qui est humainement compliqué. Mieux vaut se dire, comme Bernard Reybier (Fermob) ou Valérie Decamp (Mediatransports) que « l'improbable arrivera et que l'impossible était possible ». Il est préférable de se forger un état d'esprit pour être apte à recevoir la prochaine crise qui viendra se superposer à la précédente qui n'est pas encore finie, plutôt que de se tétaniser parce que cet accident ne figurait pas dans la liste pourtant détaillée.

La bonne attitude, c'est de tenir bon, et de se tenir bien, c'est-à-dire penser juste, comme justesse, de manière à prendre les bonnes décisions, et juste comme justice, pour entretenir la confiance qu'accordent les collaborateurs à leurs dirigeants. C'est un des messages essentiels de cette seconde enquête. Il sera développé dans les grands chapitres qui suivent : recourir à l'intelligence adaptative pour tenir bon, respecter ses valeurs pour se tenir bien, et comment mettre ses deux préceptes en pratique, en s'y préparant dans sa vie personnelle et professionnelle. Une liste des lectures qui inspirent les dirigeants interviewés conclura l'exposé.

## Ce qu'il faut retenir

Six défis majeurs dans une liste incomplète.

– D'une guerre économique à une économie de guerre. Les concepts de *just in time* et *fabless* doivent être repensés. Attention aussi aux risques de compliance de maintenir ses activités avec des pays mis au ban de l'opinion internationale.

– La facture d'une France désindustrialisée. Une usine se ferme en une nuit. Si on veut la rouvrir, elle peut mettre trente ans à retrouver son efficience.

– La fracture entre une France qui entreprend et une autre qui administre. L'incompréhension persiste et se traduit par une inflation de textes souvent impossibles à mettre en œuvre techniquement.

– La France aux portes de la guerre incivile : la société forme un archipel ; le respect des individualités a viré à la proclamation de l'individualisme. Les réseaux sociaux n'arrangent rien. La réputation d'une entreprise peut être sérieusement mise à mal.

– L'hybridation du travail s'est imposée en deux ans : pas pour le pire, mais non plus pour le meilleur. La grande démission n'est pas qu'une simple expression.

– Le danger de l'illectronisme menace toutes les classes de la société. Les dirigeants ne sont pas exemptés du devoir de se former en permanence.

– L'environnement et le télétravail ne sont plus des défis à venir, mais des réalités complexes qu'il convient de traiter sous l'angle des valeurs.

– Une liste des risques sera toujours incomplète. L'erreur serait de vouloir tout prévoir et de se raidir à la première manifestation d'un imprévu. La clé de la durée, de la survie et de la réussite réside dans la bonne attitude : savoir s'adapter, respecter ses valeurs.

# Chapitre 3.
# La puissance créatrice de l'intelligence adaptative

Tant de défis, mais aussi tant d'injonctions paradoxales ! Notre environnement est devenu instable. Probablement, cette évolution est-elle définitive. Dès lors, par ses aspects complexes, interconnectés, imprévisibles, le monde est tout le contraire de ce à quoi nous aspirons. Nous préférerions pouvoir nous appuyer sur des certitudes, disposer d'une vision claire de l'avenir, nous sentir en sécurité, décrocher de temps en temps. Malheureusement, c'est impossible, et notre difficulté d'adaptation au nouveau monde et à ses incertitudes provoque en nous du stress.

Voici les contradictions qui composent le quotidien de deux des dirigeantes de notre panel. Commençons par Véronique Pican (Equativ [ex-Smart AdServer France]). Avec humour et autodérision, elle s'est amusée à en dresser la liste. Dans n'importe quelle tête bien faite, une seule de ces incohérences suffirait à provoquer un court-circuit mental. Elle est arrivée à près d'une douzaine : raisonner à la fois global et local, long terme et court terme, faire valoir son autorité hiérarchique dans un organigramme horizontal, garder la juste distance dans un management de proximité, concilier *thinking* et *acting*, distanciel et *real life*, confort du salarié et satisfaction du client, vision américaine de la maison mère, très axée performances, et culture française imprégnée de RSE, intuition et monitoring, vivre-ensemble à privilégier, mais télétravail à respecter, faire émerger une fibre artistique chez des développeurs scientifiques, ce qui n'est pas le plus difficile à réaliser.

La liste de Glaura Grandi-Kartalian (Primagaz) n'est pas triste non plus. Elle rappellera des réalités familières à bien des décideurs. Les clients ? Ils veulent des prestations meilleures, mais moins chères ; ils se disent prêts à passer au digital, mais ils réclament de continuer à payer par chèque. Les pouvoirs publics ? Ils imposent la transition énergétique aux entreprises, mais sans leur en donner les moyens. Les salariés ? Ils demandent à la fois plus de souplesse et davantage de règles ; ils réclament le télétravail et du confort au bureau. L'actionnaire ? Il voit bien la conjoncture changer, mais il attend la même rentabilité financière qu'en temps normaux. Et la présidente de conclure : « Alors moi, dans un grand sourire, je demande : et les besoins de l'entreprise dans tout cela ? »

## La tour de contrôle nichée dans notre cerveau

Une solution existe pour supporter durablement cet inconfort psychologique. Elle consiste à passer en mode préfrontal, du nom de cette région du cerveau qui est un peu notre tour de contrôle, à l'inverse de la partie limbique, qui, elle, est notre haut lieu du stress. Le premier à employer ce terme, dans son acception la plus scientifique, est Sébastien Huron, le directeur général de Virbac. Sa formation scientifique, doublée de diplômes de management, l'a très tôt inspiré pour établir des correspondances entre l'économie et la biologie. Les neurosciences lui sont donc familières. En l'occurrence, c'est en citant un essai, *Le Bug humain* de Sébastien Bohler[1], qu'il évoque cette zone précieuse du cerveau.

1. Voir la fiche de lecture page 187. Paru en 2019 chez Robert Laffont : *Le Bug humain : Pourquoi notre cerveau nous pousse à détruire la planète et comment l'en empêcher.*

Le dirigeant juge ce texte tellement exceptionnel qu'il n'en a pas simplement fait son livre de chevet, il est aussi devenu son guide de vie au quotidien, sa bible de management, et l'ouvrage qu'il recommanderait à ses amis. En quoi l'ouvrage est-il si riche ? Dans le fait que son auteur s'appuie sur les neurosciences pour étayer sa thèse. Selon lui, l'Humanité semble se liguer pour aller à sa perte, en fabriquant une crise écologique majeure. La raison en est que chaque individu abuse sans le savoir de certaines parties de son cerveau. Il utilise à mauvais escient ses mécanismes cérébraux les plus archaïques, en particulier les circuits neuronaux de récompense. Or, par le biais de la dopamine, ces derniers incitent l'homme à assouvir continuellement, et jusqu'à l'excès, cinq besoins fondamentaux : manger, se reproduire, asseoir du pouvoir, acquérir de l'information et fournir le moindre effort. Cela se traduit par la surconsommation, le surpoids, la surpopulation, le populisme et l'infobésité déjà évoquée plus haut. En revanche, le cortex préfrontal permet au cerveau de planifier, de prendre du recul par rapport à ces réflexes compulsifs. Il lui inspire les bonnes ripostes comme l'éducation à la place de l'ignorance, la nuance au lieu de l'idée préconçue, la méditation de pleine conscience plutôt que l'abrutissement par les excès d'alcool et de bouffe…

## COMMENT LE CONFINEMENT A GALVANISÉ CERTAINS DIRIGEANTS ET EN A TERRASSÉ D'AUTRES

Plusieurs dirigeants que nous avons interrogés connaissent les possibilités ainsi offertes. Ils parlent en connaissance de cause de leurs expériences et des bienfaits que leur procurent en particulier le yoga et la méditation. Mais beaucoup d'autres sont comme monsieur Jourdain, dans *Le Bourgeois gentilhomme* de Molière, qui faisait de la prose sans en avoir l'air. Leurs témoignages sur la façon dont ils ont vécu le confinement sont riches d'enseignements. Selon leurs dires, certains ont été galvanisés, d'autres, terrassés. Les premiers se sont adaptés, les seconds se sont tétanisés. En filigrane de leurs propos apparaît la puissance créatrice de l'intelligence adaptative. Or, cette dernière ne peut fonctionner qu'avec l'aide du cortex préfrontal, et c'est bien ce que traduisent les citations ci-dessous, même si elles ne font nullement référence au vocabulaire des neurosciences.

## Parvenir à la résilience

Ainsi, quand Thierry Herbreteau (Peters Surgical) revient sur ses années Covid, il en tire cette leçon : « Face à l'incertitude, qui est devenue notre maître mot, nous devons en opposer un autre en tant que dirigeants, qui est l'agilité. La Covid nous a fait plonger dans l'inconnu. Deux ans après, nous évoluons dans un monde vraiment nouveau. D'abord, les équipes ont vécu un choc émotionnel qui doit être géré dans les entreprises. Ensuite, les dirigeants doivent lâcher prise sur ce qu'ils ne peuvent pas contrôler. » Il conseille à ses pairs d'adopter de nouvelles attitudes. Elles sont indispensables pour « avoir la capacité à lire les tendances dans son environnement, à travailler en permanence, et ne pas être distrait par des pensées polluantes et accaparantes ». Ces nouvelles attitudes, c'est par exemple d'avoir la simplicité de dire sur l'instant : Je ne sais pas. « Mais, ajoute-t-il, nous pouvons le dire parce que nous savons que nous avons en nous la capacité de trouver le bon cap du moyen et long terme. Alors, nous pourrons accéder au monde nouveau. » Autrement dit, les solutions sont en chacun de nous. Il faut simplement les faire émerger. Comment ? En faisant de notre cerveau un précieux allié au lieu de le transformer en dangereux adversaire.

De même, Guillaume Fournier Favre (Kone France) analyse ainsi cette période sans doute unique dans sa vie : « Avec le recul, je m'aperçois que ce qui nous a permis de traverser avec succès cette période a été notre capacité à nous adapter. La Covid a mis en évidence deux types de personnalités : ceux qui se crispaient en s'agrippant pour tenir le plus longtemps possible, ou ceux qui adoptaient des positions souples pour négocier les vagues violentes. »

Par des voies détournées, Jean-Jacques Alexis (Bericap) s'était préparé à ce qu'il allait vivre : « Je pratique beaucoup d'activités alpines, explique-t-il, et pour continuer à me perfectionner, je participe à des formations. J'ai ainsi pu suivre le peloton de gendarmerie qui intervient lors des avalanches afin de sauver les personnes. J'y ai appris l'expression du café suisse. Elle signifie que lorsqu'il se produit une catastrophe, deux attitudes sont possibles : soit courir dans tous les sens dans l'espoir de parer au plus pressé, ou bien s'astreindre à se poser autour d'une table et d'un café, et de s'exprimer calmement, de manière à recenser les informations fiables dont on dispose, et à les prioriser. » Il reconnaît que l'exercice n'est pas naturel, mais il est d'une efficacité incomparable. Or, en quoi consiste-t-il en définitive ? À colmater sa propre zone limbique avant qu'elle inonde le corps de stress, et à se connecter à sa zone préfrontale.

De même, avec leurs mots, qui reflètent leur âge et leur tempérament, plusieurs dirigeants parlent avec enthousiasme de leur expérience du confinement et de la réorganisation de leurs entreprises en un temps record : « J'ai kiffé », dit l'un. « Je n'ai jamais pris autant de décisions de ma vie », observe un deuxième. « J'ai pris mon pied », confie un troisième. Ils traduisent en fait une sensation de plénitude, une vision à 360 degrés de la situation, une intuition de la bonne direction à prendre. Autant de symptômes bien connus des neurologues.

À l'inverse, d'autres reconnaissent avoir craqué. L'un a beaucoup bu, une cheffe d'entreprise s'est acheté un chien pour meubler sa solitude morale. Plus terrible, un nombre considérable de nos grands témoins ont vécu des situations tragiques. Les uns ont été gravement malades, d'autres ont perdu des proches sans pouvoir faire leur deuil. D'abord, parce que les règles sanitaires interdisaient d'être à leurs côtés. Ensuite, parce que leur présence de tous les instants dans l'entreprise était indispensable. Une dirigeante a perdu son père au moment où elle devait renégocier deux contrats vitaux pour la vie de son entreprise. Quand la Covid est venue s'ajouter à ces puissantes sources de chagrin et de stress, elle a été submergée. « J'ai fait un burn-out émotionnel », explique-t-elle sans parvenir encore à juguler ses larmes.

Le chagrin ou le traumatisme étaient encore très présents au moment des entretiens. Ils montrent à quel point ces épreuves ont mis à mal les psychés. La sincérité avec laquelle nos interlocuteurs se sont livrés doit être soulignée, car c'est de leur part une marque de confiance qui nous honore et nous engage. Mais qu'ils sachent combien leurs expériences de vie servent à éclairer leurs pairs, comme ce souvenir relaté par Johan Hugues (Blachere Illumination). « Un jour, à la suite d'un pépin personnel, j'ai ressenti un effet de blast. Le cerveau ne répondait plus. Les collaborateurs l'ont vu tout de suite, dans mon regard, dans mes attitudes. Ils étaient perdus ! »

## Êtes-vous un leader ? La réponse est dans le regard des autres

En disant cela, le jeune P.-D.G. rappelle une vérité souvent oubliée : quoi qu'il se passe à l'intérieur de soi, on reste le dirigeant dans le regard des autres. Même si on a décroché, ou qu'on est tout aussi perdu qu'eux, on demeure pour ses équipes le pilote qui va ramener l'avion.

Dès lors, quand l'imprévisible survient, ou le gros pépin, l'accident, l'incendie ou la cyberattaque, c'est l'heure de vérité pour vérifier sa stature de leader. Il faut alors avoir, bien présente à l'esprit, qu'à la question « Êtes-vous leader ? », il n'y a qu'une formulation qui vaille et elle est apportée par Pierre Boulet (Novares) : « Est-ce que les autres (les salariés, mes pairs, mes clients, mes fournisseurs) me reconnaissent comme tel ? »

## LA CAPACITÉ À RASSURER, UNE RESPONSABILITÉ NOUVELLE

C'est pourquoi il faut être vigilant à la qualité de ses postures. Cela réclame de l'abnégation, surtout quand des drames personnels viennent vous percuter. Mais ces événements ont un impact immédiat sur la vie des entreprises. Une maîtrise de ses émotions s'impose donc. Parallèlement, des qualités d'un genre nouveau sont sollicitées. Elles se sont développées pendant la pandémie, et elles demeurent très présentes. Elles deviendraient même essentielles dans les demandes des salariés.

La première est la capacité à rassurer. Isabelle Xoual (Lazard) l'avait expérimentée spontanément au tout début de la pandémie. Croisant dans le couloir un homme chargé de l'accueil, elle le vit si désemparé qu'elle lui dit, les yeux dans les yeux : « On va s'en sortir ». « Je n'en savais rien, raconte-t-elle avec le recul, encore que j'étais confiante dans la résilience de Lazard et de ses cent soixante-quinze ans d'histoire, mais sur l'instant, j'ai su qu'il fallait que je prononce ces mots à cette personne. Cela lui a fait du bien. » Au passage, elle a brisé le potentiel de contagion que pouvait représenter l'anxiété développée par son collaborateur.

La seconde est la capacité d'écoute, d'empathie, voire de soins, qui commence à être demandée aux dirigeants, à charge pour eux de l'infuser ensuite auprès des managers intermédiaires. Une fois de plus, le signe avant-coureur nous est décrypté par un Scandinave, le Danois Steven Olsen, P.-D.G. de Svendborg Blakes. « Nous traversons actuellement des changements majeurs dans le leadership, explique-t-il. Auparavant, il suffisait d'un environnement de travail où les gens se sentaient en confiance et en sécurité. La Covid-19 et ses conséquences puis la guerre russo-ukrainienne ont modifié les conditions de travail. Les cadres intermédiaires manifestent un besoin accru de soutien. Auparavant, ces managers géraient un niveau de stress élevé, parce qu'ils avaient à résoudre des problèmes inédits sous la pression du temps. L'enjeu dont il est question désormais n'est plus seulement d'ordre opérationnel. Il s'agit d'aider les managers à prendre des décisions consensuelles. Ils ont besoin de plus de soutien relationnel et psychologique. Leur malaise est grand, à en juger par la hausse du taux d'absentéisme. Or, les bons cadres intermédiaires sont au départ une ressource rare. Les défis posés par la Covid et la guerre ont aggravé cette pénurie. »

## PROTÉGER : ENCORE UNE AUTRE NOUVELLE MISSION POUR LES DIRIGEANTS

Une première manifestation de ce besoin en France est décrite par Jacques Marcel (GCC). Au premier jour du confinement, il a été surpris par la synchronicité des quarante-quatre chefs d'agence sur tout le territoire. En moins d'une heure, ils l'ont tous appelé pour demander : « Patron, qu'est-ce qu'on fait ? » Alors que, jusque-là, les mêmes étaient plutôt pointilleux sur le respect de leur autonomie. Notre dirigeant a très bien compris leur attitude. Surtout, il a pris conscience de l'importance de la sienne : il devait se montrer calme, rassurant, clair, alors que la situation était loin de l'être.

## UNE BRÈVE HISTOIRE DES ORIGINES DU STRESS

Là encore, la bonne réponse, consciente ou intuitive, est venue de l'activation du préfrontal qui a permis de passer en « mode mental adaptatif », alors que sous l'effet du stress, il serait resté en « mode mental automatique ». Mais quelle est la différence entre les deux états ?

L'explication qui suit doit beaucoup aux travaux de l'INC (Institut de neuro-cognitivisme), dont l'histoire est d'abord celle d'un entrepreneur belge, Pierre Moorkens. En 1997, alors qu'il dirigeait sa propre société de mobilier de bureau près de Vilvoorde, il est choqué par la brutalité de la fermeture de l'usine Renault. Il décide un changement de cap. Il vend son entreprise et avec son argent, finance les travaux de recherche sur le cerveau, pour comprendre les mécanismes de colère, de fuite en avant, d'abattement, de refus du changement qu'il avait pu percevoir chez les ouvriers licenciés. Il pressentait qu'un accompagnement psychologique, doublé d'une étude sur l'employabilité de chacun, aurait aidé à accepter le changement. Grâce à lui, de grands psychiatres, des neurologues ont pu progresser dans leurs travaux. Dès que les nouvelles connaissances ont été suffisamment validées, l'Institut de neuro-cognitivisme les a transformées en programmes de formation. Nombre de thérapeutes, mais aussi de DRH et de médiateurs, ont tiré le plus grand profit de ces sessions. Les lignes qui vont suivre sont donc un emprunt assumé, doublé d'un hommage aux travaux de ces chercheurs, formateurs et coachs.

Le stress est notre héritage de l'évolution de l'espèce. Nous l'avons en commun avec les animaux. La gazelle, par exemple quand elle voit un lion, reçoit un afflux de sang qui active son cœur et prépare ses pattes à galoper. Pour nous, humains, il nous sert à nous sauver d'un péril mortel. C'est pour cela que l'on dit que la peur donne des ailes. Mais ces périls ne sont pas si fréquents. Pourtant, nous sollicitons sans cesse la zone limbique. C'est parce qu'elle est la plus ancienne dans notre construction. Sa mémoire est donc la plus longue.

## L'INTELLIGENCE ADAPTATIVE, UN ÉTAT D'ESPRIT ET UNE MÉTHODE

Le préfrontal, à l'inverse, est beaucoup plus récent dans notre évolution. C'est pour cela qu'il n'a pas de mémoire, et qu'il ne se déclenche pas souvent. En tout cas, pas aussi souvent que le stress, et cela, d'autant moins que tout le monde n'a pas conscience de son existence. Il est vrai aussi qu'il ne se développe dans nos cerveaux qu'après l'âge de 25 ans. Si une seule phrase doit être retenue de cette explication rapide, c'est que le préfrontal est le moteur de l'intelligence adaptative, qui est le sujet de ce chapitre.

Quant à l'intelligence adaptative, elle est d'abord un état d'esprit, une forme de conscience élargie, une capacité plus grande que la moyenne à accueillir l'inconnu, à le voir comme une opportunité, à visualiser positivement l'avenir, à élargir le champ du possible. C'est aussi une méthode, un processus pour faire travailler les sens, et obtenir d'eux les informations qui vont permettre de prendre les décisions les plus justes, les plus efficientes. C'est pour cela qu'elle est si utile aux dirigeants.

Dans le tableau ci-dessous, la colonne de gauche présente les réactions que l'on développe généralement sous l'empire du stress. À droite, en correspondance, ce sont les attitudes que l'intelligence adaptative permet de développer en lieu et place.

| *Mode mental automatique* | *Mode mental adaptatif* |
| --- | --- |
| environnement connu, maîtrisé | environnement inconnu, non maîtrisé |
| réactions spontanées : | attitudes développées : |
| routine | curiosité |
| persévérance | souplesse |
| simplification | nuance |
| certitude | relativité |
| empirisme | réflexion |
| image sociale | opinion personnelle |

Source : © INC (Institut du neuro-cognitivisme)

La pratique régulière de la méthode produit des effets bénéfiques à un double niveau : pour le dirigeant lui-même, et pour l'entreprise. Thierry Herbreteau l'a dit plus haut : lui et ses pairs doivent apprendre à « lâcher prise sur ce qu'ils ne peuvent pas contrôler, à pouvoir travailler en permanence, à ne pas être distraits par des pensées polluantes et accaparantes ». C'est exactement ce que propose le passage en mode mental adaptatif.

## Apprendre à tenir bon

Il renforce la résistance du chef d'entreprise, en le rendant résilient face à la maladie, au deuil, aux difficultés conjugales. En un mot, il lui permet de durer. En outre, il fait ruisseler cette vertu sur l'entreprise elle-même. La durabilité est un concept central pour répondre aux exigences de la RSE et de la croissance durable. Le MMA (mode mental automatique) se révèle en outre un précieux outil pour aider le dirigeant à bâtir sa stratégie.

Patrice Bélie (Adista) procède de cette manière, mais lui, c'est par une autre lecture qu'il est venu à explorer les zones limbiques et préfrontales. C'est grâce au livre *The Infinite Game*[1]. Son auteur, Simon Sinek, est aussi une source d'inspiration pour Antoine Porcher (V and B). L'idée centrale est que dans les jeux finis, comme le football ou les échecs, les joueurs sont connus, les règles sont fixées d'avance et le résultat est clair : à la fin du match ou du jeu, il y a des gagnants et des perdants aisément identifiables. Dans les jeux infinis (*the infinite games*) comme les affaires, la politique ou la vie elle-même, les joueurs vont et viennent, les règles sont modifiables, et le coup de sifflet final ne retentit pas. Nul gagnant ni perdant, il n'y a qu'hier et demain.

## Un outil précieux de leadership

Mais comment tenir la distance, et trouver une équation gagnante dans sa vie professionnelle et son aventure d'entrepreneur ? Là encore, selon Simon Sinek, par une bonne modulation entre le limbique et le préfrontal. Le premier fait naître des émotions qui méritent d'être écoutées, le second traduit ces dernières en projets raisonnés, qui peuvent être bâtis sur la durée, même si le jeu est infini. Lorsqu'il s'octroie ses deux séances hebdomadaires

1. Simon Sinek, *Le Jeu infini*, Pearson France, 2020.

d'escalade, c'est à cela que pense Patrice Bélie. Sa discipline sportive favorite est faite d'anticipation et d'évacuation de la peur. En la pratiquant, il envisage son secteur dans sa globalité et, poursuit-il, « je me dis : d'ici à cinq ans, comment aurai-je fait pour me rapprocher d'Orange, sachant qu'entre-temps, une révolution des usages se sera produite chez les utilisateurs finaux. Les outils seront révolutionnés. Le monde sera encore plus prédictif, plus mobile. L'intelligence artificielle aura encore progressé. Ce que nous vendrons à nos clients n'aura plus rien à voir avec notre offre actuelle. »

Marc Rocagel (Options) active son préfrontal à travers la méditation. Il consacre la moitié du temps de ses séances quotidiennes à visualiser son entreprise, dans un an, cinq ans, vingt ans, etc. L'Anglais Steve Griffiths, directeur général de l'aéroport de Stansted, près de Londres, est sans doute l'exemple parfait du flegme britannique (voir encadré plus loin). Sans doute sans le savoir, il a une expression pour définir sa pratique, qui est toute préfrontale. Pour expliquer comment il se projette dans le futur, tout en étant bien présent dans l'instant : il dit qu'il a « les pieds dans les mauvaises herbes et les yeux dans le ciel bleu ».

« Les pieds dans les mauvaises herbes » ! De fait, le mode mental adaptatif permet également d'être à l'aise dans l'instant, même si le paysage qu'offre l'immédiat n'est pas aussi ordonné qu'une pelouse anglaise. Il rend plus performant et accroît l'efficience du dirigeant, mais aussi celle de l'entreprise. Le principal défi du chef d'entreprise est de prendre des décisions justes. Mais c'est après coup qu'il s'en rend compte. Sur l'instant, sa main ne doit pas trembler pour appuyer sur bouton *go* ou *not go*. « C'est vrai, souligne Gaëlle Launay (Rians), que nous n'avons jamais été à la croisée d'autant de chemins. Deux directions opposées peuvent être prises. Les deux se tiennent. Laquelle est la bonne ? » Seul le temps le dira, répond en écho son collègue Vincent Bagès « mais si c'est la mauvaise route qui a été prise, il peut être compliqué de revenir au point de départ ». Il est des retards qui ne se rattrapent pas. Plusieurs dirigeants évoquent à ce sujet, comme dans le premier livre, la mésaventure de Kodak avec sa fidélité fatale à la pellicule argentique.

S'ils ne peuvent pas être à coup sûr dans la justesse, plusieurs dirigeants s'efforcent d'être au minimum dans la justice. « À défaut d'être dans le vrai, qu'au moins, je sois dans l'équité », témoigne Jean-Jacques Alexis (Bericap). « Je déteste l'injustice », souligne Valérie Decamp (Mediatransports) qui ne peut donc envisager de prendre une décision qui en découle. Au regard de la conjoncture qui se dégrade, Véronique Motte (CPM France) se fixe un devoir pour l'avenir de veiller à la meilleure équité possible entre le pouvoir d'achat des collaborateurs et les exigences de rentabilité des actionnaires. Également au nom de l'équité, Samuel Zouaghi (Cryostar) s'interdit de retenir un collaborateur qui s'en va en lui proposant une augmentation de salaire exceptionnelle. « Au bout d'un moment, cela finit par se savoir, et les salariés qui restent fidèles à l'entreprise ressentent une forme d'injustice. »

De toute façon, s'il est impossible à un dirigeant de dire à coup sûr que ses décisions sont bonnes, il peut estimer comme une vérité pratiquement universelle et définitive qu'il en prendra rarement de bonnes quand il est sous l'empire du stress. Cela inspire à Bernard Reybier (Fermob) cette interrogation posée à la cantonade : « Je vous pose la question : un homme stressé peut-il faire un bon dirigeant ? » Encore un élément de plaidoyer en faveur de l'intelligence adaptative ! Mais celle-ci ne sera que d'une efficacité limitée pour l'entreprise si elle s'arrête à la porte du président ou du directeur général. Elle doit être étendue à toutes les forces vives.

## UNE SOLUTION POUR L'ENTREPRISE TOUT ENTIÈRE

« Développer l'intelligence adaptative dans les organisations permet de rendre ces dernières plus résilientes, peut-on lire dans le livre blanc édité sur le sujet par l'INC (Institut de neurocognitivisme). Elle s'attache à déceler les blocages et à les dénouer.

Elle permet la pleine expression des talents des collaborateurs. » C'est ce qui fait dire à Jean-Jacques Alexis (Bericap) que « les neurosciences doivent maintenant être enseignées dans toutes les écoles d'ingénieurs ».

Cette foi dans la capacité de chacun à faire preuve de son domaine d'excellence est humainement plus satisfaisante que le précepte que l'une de nos dirigeantes avait appris dans l'université interne du groupe américain pour qui elle travaille : « Si les personnes ne peuvent pas changer, changez les personnes. »

En fin de compte, l'adaptabilité, c'est l'agilité tant recherchée par les entreprises. L'implication et l'attachement des salariés à leur entreprise sont souvent plus grands qu'on ne le pense. La pandémie en a fourni la preuve. La rapidité avec laquelle les organisations de travail sont devenues opérationnelles à distance restera longtemps un motif d'admiration et un sujet d'étude pour les sociologues du travail.

D'autres circonstances exceptionnelles fournissent l'occasion d'un même constat. « Lors de notre cyberattaque, se souvient Marc Rocagel (Options), toutes nos équipes, et nos informaticiens en particulier, ont été d'une telle abnégation que je suis encore ému d'en parler. » Avec des mots assez proches, Yves Lederer et Vincent Bagès évoquent la chaîne formée par les équipes lors de leurs deux incendies. Le premier avait ravagé à la fromagerie Rians le hall de réception des camions de lait, le second avait endommagé une centrale thermique à Cergy-Pontoise. Passé le premier moment de stupeur, ces événements créent un climat favorable au déclenchement du mode mental adaptatif.

« À l'annonce du confinement, puisque tous les référentiels précédents n'étaient plus pertinents, se souvient Guillaume Fournier Favre (Kone France), que ce soit en stratégie, élaboration de budget, communication, management, nous n'avions pas d'autres solutions que d'élargir le cadre. Il nous fallait apprendre à gérer dans l'incertitude. » Vincent Bagès (Rians) parle « d'écrire une page blanche ».

D'un mal ont souvent jailli plusieurs biens. Dans nombre d'entreprises de notre panel, les dirigeants ont trouvé en eux les ressources pour élargir le cadre et se persuader du principe qu'à quelque chose, malheur est bon. Ils ont tracé des voies inédites ou, au contraire, ils sont revenus à leurs fondamentaux. À cause de, ou grâce à la pandémie : « Nous livrons les hôpitaux, c'est génial, notre travail retrouve du sens. » Telle fut la réaction des salariés chez Adista aux premiers jours du confinement, quand ils ont été submergés de demandes d'installation de procédés de visioconférence. « Dès le mois de mars 2020, nous livrions les commandes en urgence avant même d'avoir réalisé les devis », se souvient Patrice Bélie. Au cours de cette période inouïe, « l'occasion nous était donnée de rappeler notre spécificité d'origine qui est d'être les meilleurs sur la satisfaction clients, sachant qu'un client sur trois rêve de changer d'opérateur téléphonique ».

Dans le réseau V and B où les magasins sont à égalité un bar et une cave, la première moitié devait fermer, tandis que la seconde, étant jugée activité essentielle, pouvait continuer à fonctionner. « Nous avons pu ainsi rappeler à nos franchisés que leur métier principal est bien d'être cavistes », témoigne Antoine Porcher. « Ce fut un coup de pied salutaire, poursuit-il, parce que nous commencions à avoir de plus en plus de mal à rappeler ce message de base. En plus, pour la première fois, nous avons pu développer un concept auquel je croyais depuis longtemps, mais qui ne décollait pas : l'achat de bière en vrac. » Depuis, le succès de la formule ne se dément pas.

« Nous n'avons jamais fait autant de stratégie, puisque nous avions le temps », témoigne de son côté Marc Rocagel (Options). Pour Eric Scotto (Akuo Energy), cette fois, c'est la guerre en Ukraine qui lui fournit un motif de positiver. En effet, les menaces sur l'approvisionnement gazier et pétrolier donnent un coup d'accélérateur à son modèle économique de production locale et de souveraineté énergétique. Mais encore faut-il avoir la disposition d'esprit de parvenir à voir dans tout événement son bon côté, afin de transformer les crises en opportunités. C'est bien là tout l'enjeu du mode mental automatique.

Mais concrètement, comment l'installer de manière pérenne, de façon à obtenir sur la durée l'adhésion et la créativité de l'ensemble des collaborateurs ? Le processus commence par le dirigeant lui-même. Tout comme un escalier se balaie à partir de la plus haute marche, la généralisation du mode mental adaptatif à l'ensemble de l'entreprise commence par son dirigeant. Il doit opérer un travail sur lui-même, d'abord en tant qu'individu, puis en sa qualité de décideur. Ensuite, l'irrigation de toutes les fonctions de l'entreprise devient possible. La fluidité des échanges et la fertilité des bonnes pratiques permettent alors de réaliser des performances que l'ensemble des acteurs de la chaîne n'aurait pas imaginées sans cela.

## Un indispensable travail sur soi

La phase d'introspection personnelle n'est certes pas facile. Elle peut déstabiliser. « Il faut être capable de vider son sac à dos », confie Samuel Zouaghi (Cryostar), qui a suivi une formation spécifique. Elle a été parfois piquante. « Elle supposait de revisiter les injonctions reçues depuis l'enfance, poursuit-il, à l'exemple de “Sois fort, sois parfait, etc.” Il ne faut pas s'étonner après cela que l'on soit allergique au droit à l'erreur. »

L'inventaire de ses forces et faiblesses ne doit pas laisser de zones d'ombre. Ainsi, **« Avez-vous tendance à la paranoïa ? »** interroge Eric Scotto (Akuo Energy). « Si tel est le cas, il faut corriger ce biais, car il risque de déformer votre vision de la réalité. » De fait, si dès le départ les bases sont erronées, il est peu probable qu'à l'arrivée, le résultat soit juste.

Deuxième question directe : **« Aimez-vous les gens ? »** Elle est posée par Patrice Bélie (Adista), qui rappelle que 90 % des sujets d'un dirigeant sont à dimension humaine. Si la réponse à la question est négative, mieux vaut ne pas être manager. « Certains collaborateurs sont nuls pour la bienveillance », avait fait remarquer dans le premier livre Hugues Le Bret, le fondateur du Compte Nickel. De même, Pierre Boulet (Novares) conseille de « reconnaître chaque collaborateur pour ce qu'il sait faire ». Un bon technicien peut devenir un bon ingénieur, mais un ingénieur est-il par nature un bon manager de personnes ? S'il lui manque le sens de l'intelligence des situations et le goût du relationnel, il ne fera pas de merveilles, ni pour l'entreprise ni pour lui-même. Il sera malheureux, plombera l'ambiance dans son entourage au travail, et après de telles heures de souffrance, il est douteux que sa vie familiale et personnelle sera ensuite épanouie. Il n'aurait donc pas fallu lui confier l'animation d'équipes. Ce talent n'est pas donné à tout le monde. Mieux vaut parfois laisser une personne développer seule son expertise, plutôt que de lui confier des responsabilités humaines. Cela sera de plus en plus vrai à l'avenir. L'intelligence artificielle et la révolution des robots vont faire de tels bonds que le savoir-faire sera largement partagé. Le critère déterminant pour recruter ou confier des responsabilités à des gens sera le savoir-être. Et si c'est là que le bât blesse chez telle ou telle personne, son défaut se verra tout de suite. Dans les grands groupes, des embauches et des promotions malencontreuses ont pu exister, favorisant de mauvais climats de harcèlement moral. Dans les ETI où, pour reprendre l'expression de Leslie Bréau-Meniger (Superga Beauty), « il n'y a pas de gras », le danger est moindre, car l'imposture se voit plus vite. Il n'empêche, la vigilance doit rester de mise.

Bernard Reybier (Fermob), Jacques Marcel (GCC), ou Valérie Decamp (Mediatransports) : tous témoignent d'une expérience personnelle où ils ont coupé court à un processus d'embauche. La personne, au demeurant brillante, ne leur paraissait pas claire sur le plan relationnel. Les uns commentent diplomatiquement que la personne n'aurait pas été compatible avec l'ADN de l'entreprise. Les autres reconnaissent qu'ils ont été échaudés. S'ils adoptent désormais une position de principe stricte, c'est parce qu'ils ont fait un jour un pari malheureux sur une candidature. Alors que leur intuition les incitait à dire non, ils ont fait confiance, à tort, au potentiel d'amélioration relationnelle de la personne.

Dans le même ordre d'idées, Olivier Campenon (Lefebvre Sarrut) s'interroge : « Qu'est-ce qui m'a manqué dans le passé ? » Il reconnaît une lacune, dans sa construction personnelle, celle de ne pas avoir assez développé ses facultés de discernement. Il l'a comblée lors de ses expériences professionnelles aux États-Unis : « J'ai appris des Américains à savoir trouver les caractères qui manquent pour enrichir l'équipe. » C'est-à-dire des personnalités constructives, capables de s'harmoniser avec l'ensemble du groupe, mais suffisamment diverses pour apporter de nouvelles facettes à la vérité qui est par nature multiple. « La tentation est grande de prendre les mêmes que soi, poursuit Olivier, mais c'est stérilisant à terme. Il faut lutter contre. »

Troisième question introspective : **« Quelle est la nature de mon stress ? »** Les neurologues distinguent trois étapes chez tous les humains, mais elles sont plus ou moins accentuées selon les tempéraments dont on hérite à la naissance : il y a la fuite, la colère, puis l'abattement. Si l'agressivité apparaît comme la caractéristique la plus développée dans son caractère, il est bon de se rappeler ce conseil prodigué par l'industriel anglais Sunny Thakrar : « Le chien qui aboie et ne mord pas perd rapidement toute crédibilité. » Il veut dire par là que le bon manager ne se met pas en colère, mais le jour où il doit prendre une décision grave, notamment à l'encontre d'un collaborateur, sa détermination doit être sans faille.

Quand nos grands témoins analysent leur propre stress, les réactions variées montrent combien nous sommes tous différents dans nos psychés. « La bande passante de mon stress est très étroite », analyse Bruno Bouygues (GYS). Comme il l'explique en substance, les nouvelles, bonnes ou mauvaises, ne l'atteignent pas tant que ça. Son moral ne monte pas trop dans les hauts, mais il ne descend jamais excessivement bas. Bernard Reybier (Fermob) est lui aussi d'une nature résiliente. L'humour est son arme de destruction massive des adversités. Il entretient cette bonne nature par la méditation, mais il y a aussi le caractère que l'on reçoit à la naissance, qui se forge par l'éducation. Sa nature philosophe le prédisposait à devenir un leader. Mais tout le monde ne part pas dans la vie avec un tel capital humain.

Céline Gris (Gris Group) se reconnaît stressée « depuis l'âge de 20 ans ». La « respiration et la sophrologie » la soulagent. « J'ai mesuré, poursuit-elle, que quand je suis bien personnellement, la vie devient plus facile professionnellement. » Leslie Bréau-Meniger (Superga Beauty) ne se sent pas « de nature anxieuse ». « L'idéal est bien sûr d'anticiper, ajoute-t-elle en substance. Mais il faut être serein quand les choses arrivent. J'apprécie les leaders sereins, et je ne pense pas que cela soit le métier d'un dirigeant que de transférer son anxiété. » Leslie n'est donc pas stressée… « Sauf quand il s'agit de mes enfants », précise-t-elle avec une précipitation dans son débit, qui ne fait pas douter de sa sincérité. Par ailleurs, elle reconnaît « accueillir les émotions avec intensité ». Or, on va voir plus loin combien la gestion des émotions est désormais primordiale dans l'exercice du leadership.

## La nécessaire introspection du dirigeant

Poursuivons donc l'introspection de la personne, mais cette fois, en sa qualité de dirigeant. Il convient d'appliquer le principe socratique : connais-toi toi-même. « C'est fondamental, tranche Patrice Bélie (Adista group) si l'on veut comprendre les autres. » Pour Sébastien Huron (Virbac), c'est même le prérequis avant de vouloir améliorer ses pratiques managériales. Et, ajoute-t-il, « l'exercice en vaut la peine, car comme le disait Confucius, "le plus grand voyageur est celui qui a su faire une fois le tour de lui-même" ».

La première question peut paraître tardive, puisqu'elle s'énonce ainsi : **« Suis-je fait pour ça ? »** En fait, elle s'adresse surtout aux fils et aux filles de… Par le passé, des entrepreneurs ont posé comme principe intangible que l'un de leurs enfants prendrait sa suite. Mais le feu sacré n'est pas héréditaire. Dans les témoignages qui nourrissent ce livre, les reprises familiales sont nombreuses : Leslie Bréau-Meniger, Céline Gris, Mathilde Canetti (la fille du fondateur de Comme J'aime), Bruno Bouygues, Jean-Thomas Schmitt. Le caractère vocationnel de leurs choix de vie ne fait aucun doute. Inversement, plusieurs dirigeants, au moment de parler de leurs enfants, reconnaissent qu'aucun d'entre eux ne prendra leur suite. Sans doute une pointe de regret affleure-t-elle, mais la chose est dite sans acrimonie. « Sans doute la solution viendra-t-elle du management », se résout l'un, tandis qu'un autre prévoit : « Ce sera mon sujet des prochaines années. » En tout cas, quelle que soit la solution, elle sera toujours préférable à un passage de témoin non désiré.

Deuxième question : **« Quel est mon mode préféré de gouvernance ? »** Parce que l'on a pris le temps de se connaître soi-même, on peut savoir si l'on se voit mieux en premier de cordée, seul devant, ou en adepte du tandem. Gaëlle Launay et Vincent Bagès sont tous deux directeurs généraux des laiteries Rians. Ils traitent tous les dossiers ensemble. « Nos bureaux sont côte à côte, explique Gaëlle. À chaque sujet stratégique – et ces temps-ci, c'est à la cadence d'un par semaine –, nous nous parlons, nous observons nos réactions. » Et quand la solution ne vient pas immédiatement ? « Nous avons une expression pour cela, complète Vincent. Nous disons que nous dormons dessus. »

Chez Cérélia, le sommet de l'organisation est aussi bicéphale, avec deux coprésidents, l'un aux Pays-Bas, l'autre en France. Guillaume Réveilhac plaide pour cette méthode de travail où ensemble on va plus loin, car les matins où l'un a moins envie, l'autre prend le relais. Mais en l'occurrence, les fonctions et les aires géographiques sont partagées. Les attributions des deux dirigeants sont complémentaires, tandis que chez Rians, elles sont fusionnées.

Dans les tandems, il y a aussi les associations père-fille et père-fils. Chez Comme J'aime, Bernard Canetti est même entouré de ses trois enfants et de son gendre. Mais ce fut un hasard total. Chacun avait entamé son propre cheminement, et c'est bien le père qui leur a proposé et les enfants qui ont accepté. La première à rejoindre l'aventure fut Mathilde, en tant que chef de produit, puis à la direction générale. En se retournant sur les années qui viennent de s'écouler, Bernard Canetti constate, ému, la fusion entre les deux êtres : « Avec ma fille, je ne suis pas son patron, mais son miroir. »

Beaucoup de tendresse émane aussi des propos de Leslie Bréau-Meniger (Superga Beauty), de Bruno Bouygues et de Céline Gris lorsqu'ils évoquent leur père. Ceux de Leslie et Céline avaient fondé leur entreprise, celui de Bruno avait repris une PME. Chacun des enfants a suivi son cheminement. Céline a multiplié les formations pour se préparer pendant une bonne dizaine d'années. Leslie est venue en apportant son expérience de grand groupe, et Bruno, la sienne dans le consulting, la finance et l'industrie. Mais quels que soient leurs itinéraires, tous saluent à leur juste valeur les enseignements qu'ils puisent auprès de leurs aînés. « Mon père m'a appris qu'en innovation, il faut être en avance d'un quart d'heure, pas d'une heure. » De même, Bruno, a beau être passé par le MIT et l'Insead, il reste béat d'admiration devant les connaissances en électronique de son père. « Il m'a tout appris, et il continue de le faire. » Céline a été inspirée par le charisme de son père, mais là où il décidait vite, elle écoute beaucoup. « Je sais que les personnes placées aux postes qu'elles occupent sont expertes, et plus expertes que moi. »

Troisième question : **« Dans quelles circonstances suis-je le plus à l'aise ? »** D'où l'intérêt, une fois encore de se connaître soi-même, tout le monde ne se reconnaît pas forcément dans Isabelle Xoual (Lazard) quand elle présente ainsi son métier : « Il faut aimer l'adrénaline dans notre secteur. Nous sommes modelés pour nous mouvoir dans un environnement où nous sommes choisis précisément pour résoudre des crises, répondre à des questions insolubles. »

*A priori*, tout le monde préfère le confort à l'inconfort, la certitude à l'incertitude. Les récentes circonstances ont pourtant révélé des personnalités pour qui ce serait presque l'inverse. Cathy Collart Geiger (Picard Surgelés) en est un exemple. « L'inconnu agit sur moi comme un moteur », s'analyse-t-elle. Et de convenir : « Tout le monde n'est pas fait pour l'époque que l'on vit. Le stress, voire la peur, tétanise certains. Personnellement, les temps que nous vivons me vont bien. »

De fait, le confinement a fourni l'occasion d'exprimer le meilleur d'eux-mêmes à des dirigeants habituellement peu connus ou reconnus. Ils appartiennent à la catégorie des managers de crise. Ils n'étaient pas doués pour les prises de parole en public, ils sont devenus communicants. Ils s'épanchaient peu, ils ont rassuré leurs équipes, ils étaient de bons exécutants, ils se sont révélés de géniaux innovateurs.

Dominique Tourneix (groupe Oeneo) est de cette trempe. « Je ne suis pas un grand communicant », avoue-t-il, et d'ailleurs, il se promet de progresser en la matière, pour améliorer sa marque employeur et aussi pour contrer les campagnes de dénigrement de la concurrence sur les réseaux sociaux. Mais au début du confinement, il a forcé sa nature discrète. Il a réuni les trois cents salariés sur le parking déjà ensoleillé – « En mars, à Perpignan, on est déjà en été » –, et il a pris son porte-voix, pour expliquer la situation. Seuls les volontaires viendraient travailler, les autres seraient en congé. Les équipes l'ont suivi, parce qu'elles se sont senties rassurées. « Je suis un homme de solutions, résume l'intéressé en guise d'autoportrait. L'existence de problèmes ne me fait pas peur. D'ailleurs, je pense qu'il est plus facile de mobiliser une équipe et de diriger une entreprise quand elle va mal, car tout ne peut que s'améliorer. Le message est clair : on est tous dans la même galère. Les salariés mesurent les risques pour eux-mêmes et donnent le meilleur d'eux-mêmes. »

L'itinéraire personnel de Jean-Thomas Schmitt (Heppner) est tout aussi révélateur de sa personnalité de manager de crise : « À 25 ans, j'étais mal dans mes baskets, je donnais des instructions à des personnes de 30 ans, plus âgées que moi. J'ai saisi l'occasion de reprendre l'agence de Lille en difficulté. Là, j'ai trouvé mon domaine : résoudre les problèmes, aller au contact. Et puis, l'appétit vient en mangeant. J'ai gagné une bataille, puis deux. » Pendant la Covid, il reconnaît « avoir pris son pied intellectuellement ».

Cette période inouïe reste une leçon à méditer. « J'ai vu des gens prendre une amplitude incroyable dans la mission qui leur était confiée », témoigne Guillaume Fournier Favre (Kone France). « Cet engagement de mise au service de l'entreprise, cette capacité à se dépasser restent émouvants pour moi. » Thierry Herbreteau (Peters Surgical) confirme de son côté : « La crise a révélé des gens qu'on n'attendait pas. Le stress des uns et des autres a révélé leur tempérament. Certains ont été terrassés par la peur, d'autres ont développé une énergie insoupçonnée. Ce n'était pas une question de poste dans la hiérarchie, mais de caractère inné. Il ne faut pas oublier cette expérience. Pour les nouvelles périodes d'incertitudes à venir, ce sont de personnes comme celles-là dont on aura besoin. Elles méritent notre reconnaissance. C'est aussi un enseignement à retenir pour les recrutements futurs. » Exactement sur la même ligne, Benoît Clinchamps (MicroPort CRM) se souvient : « Des gens ont disparu, terrés chez eux. Mais chez les chefs de département, le courage et l'engagement furent exemplaires. Ils ont été là tous les jours, aux côtés du personnel de production. Dans ces circonstances-là, l'exemplarité est importante ».

Une nouvelle ère s'ouvre pour les dirigeants. Les flamboyants des années 1980 n'inspirent plus. Voici venu le temps des humbles. Cathy Collart Geiger en est convaincue : « L'humilité est devenue la meilleure qualité des dirigeants. » Il ne peut pas en être autrement, selon elle. Puisque nous enchaînons les situations inédites, qui peut prétendre savoir ce qu'il faut faire, en faisant référence à une expérience personnelle ou à un modèle étudié en grande école ? Il faut donc être humble. Sébastien Huron (Virbac) partage ce point de vue, en soulignant toutefois une contradiction : « Pour accéder à la direction, le système sélectionne souvent des personnalités déterminées avec des convictions fortes qui savent ce qu'elles veulent. Ces personnes excellent dans leurs fonctions au début de leur carrière, mais ensuite quand elles sont promues à la tête d'organisations plus larges, plus importantes, il est alors nécessaire qu'elles prennent conscience que pour réussir dans ce nouvel environnement, il leur faut redevenir humbles, attentives aux signaux faibles, capables d'écoute active, ce qui parfois signifie aller chercher les plus introvertis, ceux qui parfois savent, mais ne parlent pas. » Mais peut-être est-ce parce que les deux attitudes ne sont pas contradictoires ? C'est en tout cas l'avis de Bernard Reybier (Fermob) : s'il est convaincu « qu'il faut de l'ego pour être dirigeant », il n'en est pas moins persuadé que « l'on peut être ambitieux et humble à la fois ».

En tout cas, par opposition aux charismatiques des années 1980 à 2000, le temps est venu de la réhabilitation des discrets. C'est la raison pour laquelle Gaëlle Launay a bien voulu participer à la réalisation de ce présent livre : c'est parce que le premier lui a « fait du bien de partager les questionnements de ses pairs, plutôt que de lire la énième *success-story* ».

Quatrième question : **« Comment gérez-vous vos émotions ? »** Le temps du « *never complain never explain*[1] » a duré longtemps. Le premier livre faisait apparaître une évolution positive en ce sens. En deux ans, le stade de la reconnaissance est passé à celui de la consécration. Le tableau ci-dessous de verbatim en est l'illustration éloquente.

---

1. « Ne jamais se plaindre, ne jamais expliquer » : c'est la ligne de conduite de la famille royale d'Angleterre. Mais même la reine a révisé cette position stricte qui la coupait de son peuple.

| *Dirigeant* | *Entreprise et secteur* | *Verbatim* |
|---|---|---|
| Guillaume Fournier Favre | Kone France (ascenseurs) | « Je place l'**émotion** au rang des valeurs. Il faut faire tourner les cœurs. Il ne s'agit certes pas de fondre en larmes à tout bout de champ, mais il ne faut pas taire ses sentiments. » |
| Samuel Zouaghi | Cryostar (technologies de la cryogénisation) | « Les deux rendez-vous annuels avec l'ensemble des collaborateurs sont des moments forts en **émotion**. Plus d'une fois, j'ai eu, ou l'un de mes adjoints, le cœur retourné, les larmes aux yeux. Je suis adepte de montrer nos **émotions**, en se mettant en transparence. Si des questions dures nous sont posées, elles le sont dans l'intérêt de l'entreprise. » |
| Samuel Zouaghi | Cryostar (technologies de la cryogénisation) | « Je suis un fervent partisan du développement personnel. Un dirigeant malheureux aura une entreprise malheureuse. Cette culture de la sincérité de nos **émotions** est plus difficile à diffuser à l'international. » |
| Samuel Zouaghi | Cryostar (technologies de la cryogénisation) | « Pendant le confinement, le lien **émotionnel** à l'entreprise qui caractérise véritablement la culture d'entreprise s'est développé chez l'ensemble des salariés. » |

| *Dirigeant* | *Entreprise et secteur* | *Verbatim* |
|---|---|---|
| Marc Rocagel | Options (équipement événementiel) | « J'ai été élevé dans le contrôle de mes **émotions**. Aujourd'hui, j'en viens à penser que le bon leader est celui qui sait montrer ses limites, avec simplicité. Je suis devenu adepte de l'EFT (*Emotional Freedom Technic*). » |
| Olivier Lamarie | Xylem (équipements et solutions dans la gestion de l'eau) | « J'y vois un outil de management : il y a le climat que l'on crée avec les **émotions**. » |
| Jean-Thomas Schmitt | Heppner (transports et logistique) | « Je marche à l'affect, je suis un **émotif**. Il faut le gérer, mais ne pas aller contre sa nature. » |
| Sébastien Huron | Virbac (laboratoire pharmaceutique de produits vétérinaires) | « Un organisme vivant est fait d'**émotions**. » |
| Patrice Bélie | Adista (opérateur télécom pour les professionnels) | « Dans ma communication, je parle différemment selon les personnes à qui je m'adresse, car le même message parvient différemment, touche des **émotions** différentes. » |
| Bernard Canetti | Comme J'aime (méthode de rééquilibrage alimentaire) | « Actuellement, je participe à des cours de gestion des **émotions**, pour ne pas être tenté d'entrer tout de suite dans le chou. L'impatience est mon point faible. » |
| Cathy Collart Geiger | Picard Surgelés (distribution alimentaire) | « Plus que jamais l'**émotionnel** vient relayer le relationnel. Je revendique d'avoir des **émotions**. » |

Cinquième question : **« Quelle image de vous recherchez-vous ? »** Jean-Jacques Alexis (Bericap) est radical : « Un patron doit être aimé ou haï, en tout cas il doit être compris. Le cap qu'il donne doit être clair. S'il est jugé comme tel, les gens ont envie de le suivre. » Leslie Bréau-Meniger (Superga Beauty) reconnaît qu'elle « n'a plus peur de ne pas être aimée ». Auparavant, elle avait besoin d'être entourée d'affectif pour s'épanouir dans son travail. En tout cas, il faut apporter une réponse à la question fondamentale. Elle est ainsi formulée par Olivier Campenon (Lefebvre Sarrut) : « Qui voulez-vous être ? »

Comment voulez-vous êtes ressenti·e ? En définitive, il faut faire du marketing de soi-même. Mais attention, jamais au détriment de l'ADN de l'entreprise. Celle-ci aussi est une personne vivante, morale certes, mais vivante. Il faut la connaître comme on se connaît soi-même, et ne pas la trahir. « On ne change jamais l'ADN d'une entreprise, tranche Cathy Collart Geiger (Picard Surgelés), son histoire doit être respectée, mais son dirigeant a le devoir de la recontextualiser pour l'armer face aux défis qui l'attendent. » Dès lors que cette condition *sine qua non* est respectée, il devient possible d'appliquer l'intelligence adaptative à l'entreprise.

## Comment soigner le préfrontal de l'entreprise

L'adaptabilité est au dirigeant ce que l'agilité est aux entreprises. On l'a vu plus haut, un cerveau délié fonctionne mieux chez une personne physique. Il en va de même chez la personne morale qu'est une société. Tout le monde rêve de groupes décloisonnés, où les énergies ne s'épuisent plus dans des matrices, où la rétention d'information n'est plus un sport national. Mais si la conversion des esprits ne suit pas, le discours aura beau être répété à l'envi, il risque de rester un vœu pieux. En revanche, lorsque le préfrontal du dirigeant et celui de l'ensemble des collaborateurs se mettent à fonctionner à l'unisson, l'écosystème de l'entreprise en ressent les bienfaits.

Pour preuve, les témoignages ci-dessous. Pour les classer, nous avons repris les six vertus de l'intelligence adaptative : curiosité, souplesse, nuance, relativité, réflexion, réflexion personnelle. Puis, nous les avons combinées avec les grandes actions managériales de l'entreprise qui constituent les cinq grands piliers de l'excellence opérationnelle, à savoir : combler son client, tracer la bonne route, embarquer les équipes, améliorer les méthodes, obtenir l'adhésion de toutes les parties prenantes.

Le passage des entretiens au tamis de cette double grille donne une idée du potentiel de fertilité de la méthode. Véronique Pican (Equativ [ex-Smart AdServer France]) voit dans le leader « un permaculteur. » À notre tour de combiner plusieurs plantations et de laisser la nature (humaine) accomplir ses miracles.

## Pour optimiser la relation client

Il est coutume de dire que le vrai patron, c'est le client. Après tout, rappelle Jani Vahvanen, président de Schneider Electric en Finlande, « c'est lui qui fait nos salaires ». Il est donc important de sentir les signaux faibles, de faire en sorte que, toujours, il soit en train de se dire « Waouh ! ». L'Anglais Sunny Thakrar a sauvé de cette manière le constructeur britannique de vedettes de plaisance Sunseeker. Il a installé dans les aménagements intérieurs des quantités d'attentions que l'on ne trouve que dans les hôtels de luxe, il a même introduit le concept de conciergerie, en proposant une infinité de services à terre comme en mer et sur toute la planète. Les acheteurs en sont restés bouche bée. Ils n'ont pas tiqué qu'au passage, les prix aient substantiellement grimpé. Mais surtout, ils ne se sont pas rendu compte qu'ils se mettaient en addiction vis-à-vis du constructeur. En demandant des services, ou des réparations mineures, ils étaient collés à la marque jusqu'à la saison suivante où ils achèteraient un modèle un peu plus grand. C'est ce qu'il est convenu d'appeler « l'effet Waouuhhh. »

Cependant, un risque de burn-out n'est pas à exclure dans les entreprises, à vouloir ainsi se maintenir en permanence sur la crête, en état de séduction maximale. D'autant que le client peut vite se transformer en enfant gâté. C'est le regret exprimé plus haut par Bernard Canetti (Comme J'aime) : « La quête d'excellence est devenue requête. Le client roi s'est mué en tyran. »

Parallèlement, en raison de la situation actuelle sur le marché de l'emploi, le salarié tend à prendre sa revanche. D'autant que la règle de l'EFCN (*employee first customer next*, l'employé d'abord, le client ensuite) a certes fait ses preuves. Mais attention à ne pas tomber de l'autre côté du cheval. « Le salarié roi, au détriment du service client, c'est absurde », tranche Valérie Decamp (Mediatransports).

En ces temps où les réseaux sociaux ont inculqué l'allergie à la patience et légitimé le réflexe de tuer rapidement une réputation, la perspective d'un client énervé n'est pas une bonne base de départ pour satisfaire celui-ci. Mais quand plane la menace de la grande démission, il faut aussi ménager ses collaborateurs.

Une fois de plus, le dirigeant est placé devant une injonction paradoxale. Que nous enseigne l'intelligence adaptative ? À remplacer la simplification, inspirée par toute montée de stress, par la nuance. Face à ses interlocuteurs des deux bords, il s'agit de se mettre sur la bonne fréquence. Cela suppose de l'écoute, mais attention, de l'écoute de qualité. Ce point est très important. Nous y reviendrons dans le chapitre 5 « Comment se préparer ». L'empathie favorise le passage au préfrontal chez les deux parties. Une fois le calme revenu, le climat devient propice à transformer les deux opposants d'hier en forces de proposition pour le présent et l'avenir.

Jacques Marcel (GCC) encourage un organigramme qui permet le juste respect des deux parties. Il l'appelle la « pyramide inversée ». Tous les collaborateurs qui sont au contact du client final sont mis en exergue, de sorte que si le client est roi, les salariés ne le sont pas moins. Les conditions d'une relation apaisée sont alors réunies.

Dans ces conditions, même quand, en définitive, il faut répondre par la négative à l'un ou l'autre camp, le fond et la forme sont bienveillants. Il faut du calme et de la sincérité pour annoncer un refus. Mais au bout du compte, il sera mieux accueilli et plus respecté qu'un oui insincère et empreint d'énervement.

Olivier Lamarie voit une autre vertu à la curiosité : elle prémunit le dirigeant contre le danger de l'excessive assurance. « Un manager, explique-t-il, part souvent du postulat qu'il sait tout et qu'il doit apporter toutes les réponses à ses collaborateurs, il pense qu'il connaît mieux le process que ses collaborateurs qui, eux, le pratiquent tous les jours ; il est plus dans la réponse que dans le questionnement, plus dans la direction que dans le coaching. Mon expérience est que la solution à un problème vient très souvent de l'équipe ou du collaborateur lorsqu'ils sont efficacement coachés ; le manager ne devient alors "que" le catalyseur de l'idée et de son implémentation. »

Au laboratoire Virbac, le nouveau département petfood est en train d'exploser, avec une croissance à deux chiffres, qui lui fait tangenter les 100 millions d'euros de chiffre d'affaires, alors qu'il était parti de rien. Cela, c'est grâce aux équipes commerciales, qui ont pris le temps d'écouter les vétérinaires, quand dans les conversations, remontaient des signaux faibles de la clientèle. Leslie Bréau-Meniger (Superga Beauty) confesse : « Je suis ultra-curieuse. Je suis toujours à l'écoute, des clients pour commencer, mais aussi de mes pairs, de mes collaborateurs… et à l'affût de rencontres. Je m'arrange pour multiplier les déjeuners avec des personnes d'univers professionnels totalement différents du mien. » Elle en revient toujours avec des idées qui mûrissent dans son cerveau, et deviennent au fil du temps des axes de développement stratégique ou commercial. Le processus est identique pour Glaura Grandi-Kartalian (Primagaz). Au-delà du plaisir des rencontres, elle adore poser des questions : « Je suis une éponge. Au bout d'un moment, les informations que j'ai ainsi stockées se connectent entre elles, et elles m'apportent des idées nouvelles. »

La troisième vertu de l'intelligence adaptative est d'encourager la **réflexion** pour lutter contre le travail de sape de l'**empirisme**. Aucune phrase ne désigne mieux cette notion que la réfutation si souvent prononcée : « Ça ne marchera jamais », suivie de ce jugement de valeur : « Mais c'est le bon sens ! ». Dès qu'un responsable entend ces phrases, il doit actionner son mode mental adaptatif.

Chez Oeneo, Dominique Tourneix a fait confiance à son intuition. Directeur technique de l'usine Diam Bouchage, il avait découvert dans les tiroirs un dossier qui remontait à la fin des années 1990. C'était un procédé mis au point avec l'aide du CEA, Commissariat à l'énergie atomique de Pierrelatte, et son département des fluides supercritiques et des membranes. Il démontrait que le $CO^2$ à l'état dit supercritique (haute pression) a la capacité d'éradiquer des dizaines de molécules désagréablement ressenties par le nez et présentes dans le liège. L'entreprise avait à ce moment de nombreux déboires de qualité dans toutes les grandes régions vinicoles du monde avec ses bouchons trop pollués. La société était au bord du dépôt de bilan. À son poste, Dominique Tourneix demande une dernière chance pour l'entreprise, en lui laissant la possibilité d'industrialiser l'invention du CEA. Malgré l'incrédulité générale, la gamme de bouchons issue de ce procédé devient un succès œnologique mondial. Il se trouve immédiatement récompensé au salon Vinitech en 2004. Une lueur d'espoir réapparaît, mais il faut encore restaurer la confiance des clients. Il propose alors de concentrer toute l'activité sur cette technologie, au risque de réduire drastiquement le catalogue. C'est là qu'il entend la terrible phrase : « Mais ça ne marchera jamais ! » Il démissionne alors, mais au bout de deux mois, il revient puisque, cette fois, la direction générale lui est confiée. « Je ne partais pas de zéro, mais d'en dessous de zéro, vu le niveau de dettes et surtout, vu la mauvaise image auprès des clients. Cependant, la suite est plaisante : l'entreprise est désormais le leader mondial de cette gamme de bouchons en liège technologique. »

Cette belle histoire servirait aussi à illustrer la troisième arme douce du MMA : proposer la **relativité** contre la **certitude**. La bonne attitude consiste alors à dire : et si on voyait les choses autrement ? Si ce bouchon, par exemple, n'était pas qu'un simple moyen de fermer la bouteille, mais s'il se révélait le meilleur allié du vigneron et du sommelier, parce qu'il sauve le travail de l'un et la qualité réclamée par l'autre ? Une fois que cette idée s'est imposée, une diversification commerciale a suivi de manière naturelle. Selon que l'on produit du bourgogne ou du rosé, la durée de vie n'est pas la même. Dès lors, une diversification de la gamme de bouchons prend sens. Les Diam 1 servent aux vins qui se consomment dans l'année, et ainsi de suite jusqu'à 9 pour les nectars de garde, précieusement conservés.

Quatrième vertu de l'intelligence adaptative dans l'amélioration de la relation client, elle aide à développer son **opinion personnelle**, souvent étouffée par la pression de **l'image sociale**. Cathy Collart Geiger (Picard Surgelés) pousse tous les samedis matin son chariot dans un magasin du réseau pour prendre le pouls de la clientèle. Au besoin, elle n'hésite pas à enfiler un tablier de chef de rayon. Glaura Grandi-Kartalian (Primagaz) a étonné tous les anciens de la maison quand elle a demandé à accompagner un chauffeur un matin dans sa tournée de livraison de bouteilles. Elle voulait sentir l'expérience client par elle-même.

Le P.-D.G. de Xylem, dans le siège de Nanterre, n'a pas de bureau fermé. C'est voulu. Il fait lui-même la vaisselle dans la cuisine de l'entreprise. Là aussi, c'est naturel puisque ce geste vient de sa culture et son éducation. Mais c'est du point de vue de la stratégie commerciale qu'il casse définitivement les codes. Il a équipé la société d'une flotte de vélos, et comme la ville et le conseil général des Hauts-de-Seine ont aménagé une piste cyclable le long de la Seine, il invite ses clients à venir prendre l'air à midi. L'ADN de l'entreprise est ainsi présenté sans se payer de mots.

S'ils sont séduits, des contrats suivront, en toute connaissance de cause. Mais on est loin des déjeuners d'affaires dans les meilleurs restaurants parisiens pour bluffer le maire de telle ou telle ville de province.

Les mérites de l'opinion personnelle se retrouvent aussi quand il s'agit de mettre en place le deuxième pilier de l'excellence opérationnelle, qui est de trouver son cap nord.

## Pour tracer le bon cap

Pourquoi un nombre important de dirigeants déclarent-ils pratiquer la méditation ? Parce qu'elle leur permet de se mettre en mode préfrontal. Dès lors, la vision de leur entreprise leur apparaît en trois dimensions, dans un angle de vue à 360 degrés. Ils la voient sur l'instant, dans sa globalité. Ensuite, ils peuvent la projeter dans l'avenir, dans un futur idéalisé, puis de plus en plus précisé à mesure que dans leur tête, ils rapprochent l'échéance dans le temps. Ils trouvent ainsi la première marche pour gravir l'escalier.

Pour savoir où aller, s'assurer de la justesse de son cap, plusieurs histoires déjà relatées illustrent les bienfaits de cultiver son opinion personnelle. La démarche consiste à revenir aux fondamentaux, comme l'avait fait Antoine Porcher (V and B) en rappelant à ses franchisés qu'ils sont d'abord cavistes. Moyennant quoi, un relais de développement était né de la promotion de la bière en vrac. C'est aussi la remise en avant par Adista de son ADN qui est la satisfaction client. C'est encore la façon pour Oeneo de se rappeler qu'un bouchon est d'abord au service du vigneron et du sommelier avant d'être une facilité de débouchage pour le consommateur final.

Il s'agit pour l'entreprise d'être cohérente et de retrouver sa « raison d'être », comme il était en vogue de le dire avant les crises récentes. Thierry Herbreteau (Peters Surgical) a une formule efficace pour décrire cette démarche intellectuelle et neuronale : « Quels sont notre passé, notre présent, notre avenir ? »

### Pour installer le cercle vertueux de l'amélioration continue

« Jamais ! » Tel fut le cri du cœur de 90 % du comex de Picard Surgelés lorsque la P.-D.G. Cathy Collart Geiger suggéra, en 2020, de recourir aux services de Deliveroo pour acheminer les commandes à domicile de particuliers. La dirigeante avait pu observer que, pendant le confinement, la consommation de produits surgelés avait explosé, mais le réseau de magasins avait regardé passer les trains parce qu'il n'était pas équipé de cette fonctionnalité. La façon dont la dirigeante raconte comment elle a installé la chose est un « *business case* » en soi, digne d'être étudié dans les plus grandes écoles de commerce. Mais en l'occurrence, elle décrit à la perfection la vertu de l'intelligence adaptative, en montrant comment elle a fait passer ses interlocuteurs de la **routine** à la **curiosité**.

Des inquiétudes s'étaient exprimées au sein du comité de direction, certains craignant pour l'image de la marque, d'autres pour le respect de la chaîne du froid, ou encore l'équilibre économique… « Nous avons longuement échangé, se souvient Cathy, je leur ai simplement dit : "Vous avez des convictions, je les respecte. Mais vous n'avez plus le droit d'avoir des certitudes dans un monde qui bouge si vite. Seriez-vous d'accord pour procéder à un test ?" »

Un premier pas venait d'être accompli. Et pour remporter l'adhésion, Cathy proposa la mise en œuvre d'indicateurs objectifs et quantifiés pour valider ou non ce test : « En ce cas, seriez-vous d'accord pour dire à votre niveau quel audit vous paraîtrait le plus crédible ? » Reconnus dans leurs fonctions et leurs interrogations, les uns et les autres ont donné leur choix : le nombre de réclamations, le net promoteur score, la qualité du froid sur tout le trajet, le gain financier par rapport au coût.

Rendez-vous fut pris pour se retrouver six mois plus tard, chacun avec les résultats de ses audits. Autour de la table, les résultats ont commencé à tomber. Nombre de réclamations : zéro ; NPS (le solde entre avis positifs et négatifs) : 4,8/5 ; audit qualité : 100 %

respecté ; appétence manifestée pour le service : un plébiscite. Le modèle économique est donc viable. La conclusion ? Elle a été donnée par les membres du comex : quand est-ce qu'on déploie ce nouveau service ?

Il s'agissait bien des mêmes qui avaient proféré le mémorable : « Jamais ! ». Or, précisément parce qu'ils ne l'avaient jamais fait, ils n'avaient pas relevé que Deliveroo – ou un autre livreur socialement plus présentable, la question n'est pas là – était en train de répondre aux aspirations d'une clientèle allergique à la patience, qui veut tout, tout de suite, et rechigne à descendre jusqu'au magasin. Le sujet ici n'était pas tant d'améliorer sa performance commerciale que de réparer un sacré trou dans la raquette : Les dirigeants de Picard se flattaient « d'avoir fait plus 20 % » pendant le confinement. Oui, mais, dans le même temps, les livraisons à domicile de produits surgelés de la concurrence avaient bondi de 64 % !

Suivant le même raisonnement, Cathy obtint le soutien de ses actionnaires : même si le gain pouvait paraître faible *a priori*, le risque de ne rien faire était encore plus grand. En ayant réussi son virage digital, l'enseigne peut ambitionner de réaliser à l'avenir 10 % de son chiffre d'affaires par ce canal. Mais d'ores et déjà, l'opération est un succès, car plus de la moitié des utilisateurs ainsi conquis sont de nouveaux clients pour la marque. « Or, quand on connaît le coût d'acquisition d'un nouveau client ! », conclut la présidente.

Un autre signe de **routine** émerge de cette phrase : « Vu l'argent qu'on gagne déjà ! » Ce fut la réponse *a priori* définitive de certains collaborateurs du groupe Oeneo quand le directeur général proposa une mobilisation autour d'un perfectionnement technique des procédés. « Mais à quoi bon progresser encore quand l'Ebitda est déjà de 25 % ! » Une fois de plus, il faut attiser la **curiosité**, susciter l'envie. Ou bien laisser entrevoir le danger qu'en s'endormant au moment où le monde bouge en accéléré, il n'est pas certain que l'on retrouvera un paysage familier à son réveil.

Guillaume Réveilhac reconnaît que les difficultés du moment sont stressantes : pénuries, inflation, pouvoir d'achat, etc. « Comment corriger le cap dans un contexte qui est en train d'engendrer une révolution fondamentale ? Chaque entreprise devra trouver son point d'équilibre entre résilience et disruption, c'est la clé. »

## Promouvoir et mettre en œuvre l'entreprise étendue

En parlant des ETI allemandes, Benoît Clinchamps (MicroPort CRM) leur reconnaît une supériorité qu'il admire : « Chez elles, les relations avec les fournisseurs et les sous-traitants sont franches et teintées de respect. » En France, les échos en provenance de la grande distribution ou de l'industrie automobile ne respirent pas la même vision collaborative. C'est un fait historique, et nul doute que la pression de la conjoncture va-t-elle contribuer à rendre les relations encore plus crispées à l'avenir. Mais pourquoi ce qui est possible ailleurs ne le serait-il pas ici ? Parmi les témoignages, les exemples abondent d'une intégration réussie de l'entreprise dans la société civile, d'une capacité à embarquer toutes les parties prenantes. Le trait commun à ces initiatives, c'est qu'elles sont placées sous le signe de la **curiosité**, la **réflexion**, **l'opinion personnelle**, la **nuance** et la **souplesse**. Autant de signes distinctifs de l'intelligence adaptative.

Déjà, avec les fournisseurs, leur contribution cruciale à la réussite du projet se traduit par des gestes de reconnaissance. Chez Peters Surgical, ils sont considérés comme appartenant à la famille. Le cahier des charges est rédigé conjointement. En contrepartie, le volume de commandes et les conditions d'un paiement régulier sont connus à l'avance. Chez Cryostar, au début du confinement, le dirigeant avait appelé ses fournisseurs pour leur confirmer qu'ils pouvaient continuer à facturer, puisque sa trésorerie le permettait, « à la condition qu'ils ne mettent pas en danger la santé de leurs salariés », précise Samuel Zouaghi. Chez Rians, pour être sûr d'être approvisionné en cartons et papiers d'emballage, l'un des deux directeurs généraux de la laiterie est venu en aide à son imprimeur, pour qu'il puisse honorer une dette auprès d'un de ses fournisseurs, de telle sorte qu'il ne soit pas contraint d'arrêter son activité. « Je me réjouis tous les jours de cette décision, confie après coup Vincent Bagès, car je ne sais pas comment nous ferions actuellement pour nos crèmes brûlées, sans le suremballage en carton. » À chaque fois, la **réflexion** et la **souplesse** ont dicté ces actes.

Auprès des salariés, l'intelligence adaptative facilite l'émergence et la remontée de bonnes idées grâce à la **curiosité**. Chez Superga Beauty, la présidente a découvert qu'une collaboratrice, sur le site de Saint-Quentin, dans l'Aisne, avait pris l'initiative de se rapprocher d'un centre d'hébergement d'urgence pour venir en aide à des femmes victimes de violences conjugales. « Ainsi, témoigne Leslie Bréau-Meniger, nous nous sommes donné cette mission pour l'entreprise et nous avons ouvert des postes CDD pour elles, pour leur procurer l'autonomie financière indispensable afin qu'elles se séparent de leurs bourreaux. Cette initiative existe depuis cinq ans à Saint-Quentin et nous généralisons le système à toutes les unités de production. » Quand la réflexion, associée à la nuance et la réflexion, se traduisent par des succès, il faut savoir célébrer ces derniers. Sous la forme d'une paëlla géante chez Bericap pour fêter une année entière sans un seul accident du travail. Sous la forme d'une bouteille de champagne débouchée dans une agence du Nord de la France chez Coriance pour saluer le beau contrat remporté par une agence du Sud. Touché par cette marque d'appartenance et de cohésion, le dirigeant Yves Lederer a marqué le coup en félicitant les deux protagonistes. De fait, ils avaient fait preuve de curiosité en même temps que d'opinion personnelle.

Auprès de la population locale, surtout quand l'entreprise est ancrée dans son territoire, au point de porter le même nom que le village où l'usine est installée, comme c'est le cas chez Rians, dans le Cher, le bon usage du préfrontal permet d'éloigner les sujets de crispation entre salariés, surtout en période électorale : « Il faut dire, observe Gaëlle Launay, que vous retrouvez systématiquement partout quelqu'un de l'entreprise, à la messe, à la kermesse. » Ou au stade, ou encore au « Printemps de Bourges », le grand festival de musique voisin. Mais aussi au bureau de vote pendant les élections. Qu'on le veuille ou non, chaque salarié porte en lui une part de l'entreprise. Il en est un étendard. L'esprit de **nuance**, développé par l'adaptabilité, permet de faire vivre en harmonie toutes les opinions.

Une entreprise n'est pas désincarnée. C'est même tout le contraire, puisque c'est une personne (morale). Elle est donc vivante. Si elle se comporte bien, c'est qu'elle est imprégnée de l'esprit d'adaptation insufflé par son dirigeant. Mais aussi parce qu'elle incarne les valeurs de ce dernier. C'est le thème du chapitre qui suit.

**Flegme britannique ? Non, un bon usage du préfrontal**

Steve Griffiths est le directeur général de l'aéroport de Stansted, dans la banlieue de Londres. Chacun se reconnaîtra dans sa description des évolutions de son état d'esprit durant les terribles semaines de la première vague de confinement, en mars 2020, lorsque le monde s'est arrêté, en particulier dans les transports aériens. Nous reproduisons ce large extrait de l'entretien qu'il nous a accordés. Car tous les ressorts de l'intelligence adaptative y apparaissent en filigrane. Ils sont surlignés en gras.

« Ces deux dernières années, face à tant d'adversité et de décisions difficiles à prendre, ma préoccupation principale a été d'entretenir **un sentiment d'optimisme**. Vous devez vous accrocher à la vie d'après. En tant que leader, j'ai des responsabilités vis-à-vis de nos dirigeants et de nos actionnaires sur la façon dont l'entreprise fonctionne et sur certaines des exigences qui nous incombent. Mais j'ai aussi une responsabilité vis-à-vis des deux mille salariés qui me regardent pour prendre des décisions et nous guider à travers toutes ces difficultés. Vous devez donc maintenir un niveau de **calme**. Vous devez être **très mesuré dans votre prise de décision** et vous devez être en mesure de **décomposer la complexité** de certains des problèmes que nous rencontrons, mais aussi certaines des discussions plus importantes qui ont lieu au niveau de la direction plutôt que de jouer des coudes pour trouver la sortie de secours. Je pense qu'une grande partie de mon temps est consacrée à être un parapluie pour mon équipe dans l'entreprise et à m'assurer que les directions que nous prenons et les **décisions** que nous prenons sont **bien réfléchies**.

Je ne peux pas le faire sans la force de mon équipe aussi, donc je dois avoir de **bonnes personnes autour de moi qui me soutiennent, me stimulent dans mes pensées** aussi, mais aussi que je peux partager, partager la charge et partager les défis et parler ouvertement de l'endroit où nous sommes. **Je pense que c'est la chose la plus importante que j'ai concentrée et maintenue tout au long de cette période est de créer ce calme.** Et nous avions tous de la folie autour de nous. Et ma plus grande chose est de ne pas me laisser piéger dans la folie et de continuer à créer de la stabilité, du calme et de la raison, cela impliquait vraiment l'équipe. **Alors, commencez à créer, à faire comprendre les défis aux gens qui vous entourent, plutôt que de simplement présenter le résultat des décisions.** Je dois partager parce que mes équipes contribuent beaucoup à relever les défis et **mon cerveau n'est pas assez grand pour faire face à tout cela !** Transparence, inclusion, engagement, axé sur les résultats et sujet au changement. **Intéressez-vous aux gens !** »

## Ce qu'il faut retenir

– Le dirigeant a un devoir d'introspection : il doit se connaître lui-même.

– Les crises à répétition fatiguent les organismes des dirigeants et des salariés. Il est impératif d'évacuer le stress, la peur et la fatigue accumulés.

– Le dirigeant doit préparer son cerveau à l'agilité. La philosophie et la méthode dite de l'intelligence adaptative lui seront d'un grand apport.

– L'entreprise est à l'image de son dirigeant. Si ce dernier a peur, la société ne sera pas courageuse à sa place.

– L'intelligence adaptative peut s'appliquer à l'entreprise tout entière. Elle lui permet d'améliorer la relation client, de trouver son « étoile du berger », d'installer le cercle vertueux de l'amélioration continue, de promouvoir l'entreprise étendue.

# Chapitre 4. Pas de valeur ajoutée sans le respect de valeurs humaines

Une phrase est plusieurs fois revenue au cours des entretiens, d'abord prononcée par des dirigeants scandinaves, puis par Isabelle Xoual chez Lazard : « J'ai besoin d'être au clair avec ma boussole éthique. » Véronique Motte (CPM France) accorde aussi la plus haute importance à cette exigence. C'est aussi ce que résume Benoît Clinchamps (MicroPort CRM) « Pour être un leader, il faut être crédible. Pour être crédible, il faut être exemplaire. » C'est une valeur qui s'articule avec bien d'autres : la sincérité, le courage, la bienveillance…

Parallèlement, on l'a vu dans le premier ouvrage comme dans les premières pages de celui-ci, les salariés réclament du sens. Moyennant quoi, ils sont prêts à s'engager, ils se donneront d'autant plus qu'ils en auront l'envie. C'est particulièrement vrai pour les jeunes et les collaborateurs récemment recrutés. Mais ces personnes sont aussi des citoyens, souvent des citoyens de la planète, doublés de consommateurs. Leur cadre de travail doit refléter leurs aspirations. Les missions qui leur sont confiées ne peuvent pas trahir leurs valeurs. Sinon, c'est la grande démission assurée.

Est-ce encore un avantage des ETI ? Ces aspirations sont comprises et mises en œuvre chez la totalité des dirigeants interrogés pour le livre. Alors que chez un certain nombre de poids lourds du CAC 40, elles ne sautent pas toujours aux yeux. Fréquemment, dans les entreprises que nous avons visitées, une charte des valeurs maison est affichée, ou imprimée sous forme de brochure. Dans tous les cas, elle est le fruit d'un long travail collaboratif parti de la base pour rejoindre le sommet. Il en ressort des mots clés qui, plus d'une fois, sont inscrits en caractères d'affiche, sur les couloirs des services ou sur les murs des chaînes de montage. C'est le cas chez GCC, Fermob, à l'usine de bouchons Diam Bouchage, dans le groupe Oeneo, etc.

## LES VALEURS VONT PAR DEUX

De ce « mur de mots », nous avons extrait une liste restreinte de huit valeurs, à portée universelle, puisqu'on les retrouve aussi bien dans les grands textes philosophiques, les écrits religieux de toutes confessions, voire dans le Code civil. Pourquoi huit ? Parce que quatre fois deux égalent huit. Or, nous l'avons vu, quatre, c'est le nombre de voies pour appréhender la réalité (l'intelligence cérébrale, émotionnelle, morale et intuitive), et deux, c'est l'enseignement prodigué par l'ancien directeur de l'école de guerre, l'amiral Loïc Finaz. Lui aussi a réfléchi à la manière d'emmener une équipe vers des projets qui transcendent chacun de ses membres. Il a repris les valeurs qui, sur un bateau de guerre, constituent ce qu'il appelle l'esprit d'équipage. Il a imaginé les enseignements opérationnels qui pourraient en être tirés en entreprise. Dans un entretien avec l'auteur, il a eu ce conseil lumineux : « Je voudrais vous mettre en garde contre le danger de penser qu'une valeur peut être bonne en toute circonstance lorsqu'elle est prise isolément. Les valeurs doivent toujours aller par deux. » De fait, Loïc Finaz parle d'arche de valeurs, de sorte que chacune soutient l'autre. Et d'éclairer sa démonstration par cet exemple radical : « Prenez la sincérité. C'est une qualité certes, mais les officiers nazis étaient sûrement sincères. Regardez ce qu'ils en ont fait. La sincérité doit être associée à une autre valeur, la bienveillance par exemple. » De même, à quoi bon la persévérance si c'est pour reproduire à l'infini la même erreur ? Elle doit être associée par exemple au partage (des connaissances en l'occurrence).

## Le palmarès des dirigeants

Grâce à ces éclairages, les huit valeurs suivantes ont été soumises aux dirigeants pour qu'ils dressent leur propre palmarès, et au besoin, en ajoutent, ou en retirent. Étaient donc soumises à leur appréciation : le respect (des autres, de soi-même et de l'environnement), la confiance (en soi, dans les autres et dans l'avenir), l'exemplarité, la sincérité, la persévérance, l'honnêteté, la bienveillance et le partage (au sens de l'entreprise étendue, de l'entreprise apprenante, ancrée dans son territoire, vécue comme un bien commun).

Après réflexion, plus de la moitié ont répondu : « Je les prends toutes. » Mais auparavant ou juste après, ils en ont détaché une en particulier. Si bien qu'au nombre des valeurs de leadership et de management que les dirigeants placent en tête, la confiance arrive en premier, suivie du partage, puis *ex aequo* la bienveillance et la sincérité. Le respect arrive ensuite, puis l'exemplarité. Enfin, la persévérance et l'honnêteté arrivent elles aussi à égalité.

Nous les traiterons donc dans cet ordre, sachant que la confiance est la têtière qui fait tenir ensemble toutes les prises de positions contradictoires sur le télétravail. C'est donc là que ce thème sera développé. Au début des entretiens, le partage était moins souvent cité. Au fil des semaines, et aussi, à mesure que la conjoncture se dégradait, il est revenu en force, au point d'accéder à la deuxième place. Il est vrai que ce mot est valise et recouvre une diversité insoupçonnée de significations (partage des profits, du projet d'entreprise, des compétences, des fruits des efforts). En tout cas, comme on dit en Bourse, c'est une valeur en hausse. La bienveillance, la sincérité et le respect se suivent, très proches.

Comme la notion de respect recouvre dans le questionnaire le respect de l'environnement, c'est là que cette thématique primordiale est développée. De ce fait, en additionnant le nombre de citations relatives à l'environnement d'une part, et au respect d'autre part, cette valeur arriverait largement en tête.

## La confiance

Une phrase synthétise bien l'ensemble des éclairages apportés par les uns et les autres. Elle est prononcée par Samuel Zouaghi (Cryostar) : « La grande leçon des crises récentes est que la confiance est essentielle à la performance. » Guillaume Fournier Favre poursuit la même idée en précisant : « La Covid a été le révélateur du potentiel des gens, à condition d'une mise en confiance. » Or, comme le souligne Olivier Campenon (Lefebvre Sarrut), « c'est un engagement de tous les jours, qui se brise en un jour ». De fait, complète Gaëlle Launay (Rians), « elle se nourrit, mais elle ne se restaure pas ». En outre, pas de confiance sans patience : « Ce sont des décennies de culture d'entreprise », estime Samuel Zouaghi.

Cette valeur phare s'étudie sur trois niveaux qui, parfois, se chevauchent : il y a d'abord la confiance en soi, celle qu'a le dirigeant en sa propre personne, et celle qu'il sait développer chez les salariés ; puis il y a la confiance dans les autres, et la confiance dans l'avenir.

**La confiance en soi** peut s'acquérir assez tôt, mais souvent elle vient avec l'expérience. Bernard Canetti (Comme J'aime) ajoute un autre ingrédient, le doute : « La confiance en moi, je l'ai, c'est le privilège de l'âge, je suis entrepreneur depuis plus de cinquante ans. Mais c'est aussi grâce à la bonne gestion du doute : il fait tellement avancer. »

Faire accéder les salariés à la confiance en eux figure parmi les principales responsabilités du dirigeant aux yeux d'Isabelle Xoual (Lazard) et de Gaëlle Launay (Rians). Pour la première, « confiance et autodiscipline sont bien plus propices à la productivité que le contrôle et la discipline ». En disant cela, elle adresse un fameux tacle aux nombreuses personnes, dans le monde du travail, qui répètent à l'envi leur sentence favorite – « La confiance n'exclut pas le contrôle » – qui est en fait le plus bel aveu de leur méfiance. Pour la directrice générale de Rians, « la confiance est essentielle, surtout dans une entreprise de notre taille où chacun compte et prend ses responsabilités. Ce n'est pas rien comme notion. Il faut qu'une chaîne puisse se créer. » La confiance en soi commence par celle que les autres vous portent. C'est comme un jeu de miroirs ; « cela doit se voir dans le regard », complète Vincent, l'alter ego de Gaëlle.

Leslie Bréau-Meniger (Superga Beauty) en est tellement persuadée qu'elle favorise aussi souvent qu'elle peut les contacts en « *one to one* », les yeux dans les yeux. Pour elle, la confiance est « primordiale ». Et d'expliquer : « J'aime pouvoir faire confiance. J'attends des gens que ce qui doit être fait soit fait. » C'est pourquoi elle multiplie ces échanges. Cela lui permet de s'assurer que la personne a toujours confiance en elle, qu'elle est bien convaincue de la confiance que sa présidente lui accorde. Ces moments sont placés sous le signe de la sincérité absolue.

C'est aussi la conception de Sébastien Huron (Virbac) : il lie l'authenticité à la confiance. C'est le principe de l'arche de valeurs, recommandé par l'amiral Finaz. Il la couple également avec la bienveillance. Salvatore Alaimo, qui retient la liste dans son entièreté ajoute une valeur personnelle, qui est une forme de déclinaison de la confiance : « Dire ce que je fais, faire ce que je dis : tout part de là. Dès lors, la parole vaut contrat. Mais *a contrario*, je ne tolère pas la trahison de ce principe. Pour que chacun ait une connaissance parfaite des valeurs de l'entreprise, je les ai affichées : RSE-R “respect, solidarité, engagement, responsabilité”. »

Un bémol toutefois est suggéré par Bernard Reybier (Fermob). Même s'il fait partie des dirigeants qui ont adhéré à toutes les valeurs, il peut comprendre que la confiance soit plus difficile à comprendre. Il lui préfère la bienveillance. « À commencer vis-à-vis de soi-même, car sinon, on se tourmente. » Cette valeur permet, par exemple, de comprendre que « tout le monde n'avance pas à la même vitesse ». Mais si elle vient s'ajouter aux autres valeurs maison : joie de vivre, attention à l'autre, sens des responsabilités, l'ensemble finit par ressembler de près à la confiance. De même, les autres grands principes de Fermob apparaissent comme une ode à la confiance en l'avenir et en la vie puisqu'il s'agit du

« respect de l'environnement et la célébration de la sensibilité esthétique ». De toute façon, le débat sur les mots a toujours du bon. Il montre à quel point leur signification diffère d'une personne à l'autre. Il faut donc toujours veiller à creuser les concepts et à vérifier que son interlocuteur se situe bien sur la même longueur d'onde.

Cependant, un préalable est indispensable à l'instauration de cette valeur. Il a été largement analysé au chapitre précédent, c'est le stress. Il doit avoir été maîtrisé pour que la confiance en soi s'exprime, par des prises d'initiative, le développement d'une pensée nuancée, un accueil de l'innovation et de la créativité… Le Suédois Paul Gustavsson (Nordkalk) insiste longuement sur ce point : « Donnez aux gens les moyens de sentir qu'ils peuvent et doivent faire leur propre jugement et prendre leurs propres décisions. Dans mon esprit, un modèle de leadership délégué est essentiel pour libérer l'énergie et la créativité des gens. Pendant la pandémie, c'était aussi le moyen de maintenir la motivation des gens à travailler à domicile. »

Dans la division Bouchage du groupe Oeneo, la confiance figure dans la charte élaborée par le personnel de l'usine. Elle a été intégrée à la demande expresse du personnel. Avec le recul, Dominique Tourneix analyse « l'enchaînement psychologique intéressant » qui a été à l'origine de cet apport. « Quand des personnes parviennent au sommet de leur niveau de compétence, elles sont en proie au doute, à l'angoisse et au stress, elles se fabriquent un scénario de défense. Souvent inconsciemment, elles pratiquent une forme de rétention de l'information. Les équipes, par mimétisme, se mettent à en faire autant. Ce mécanisme entraîne alors une perte de confiance générale. La demande de confiance du personnel est une façon d'appeler à l'aide. Pour dénouer ces nœuds, rien de tel que l'intelligence adaptative, qui permet de faire passer les esprits de la colonne simpliste avantages-inconvénients à la mise en correspondance plus nuancée de : inconvénients des avantages et avantages des inconvénients. » Tellement convaincu des bienfaits de la confiance, le directeur général souligne désormais systématiquement cette dimension dans les fiches de poste et les entretiens d'évaluation.

**La confiance en l'autre**, comme la confiance dans un projet au sein d'une organisation, est la pierre d'angle qui permet à chacun de sortir de sa zone d'expertise et de devenir véritablement entrepreneur : pas d'amélioration continue ou d'innovation sans prise de risque. Et pour oser, il faut d'abord cette confiance, et un peu de passion aussi ! dixit Guillaume Réveilhac (Cérélia).

Samuel Zouaghi (Cryostar) raconte qu'au tout début de la pandémie, il a « laissé les salariés décider de poursuivre ou non l'activité. Passé le premier jour, où le parking ressemblait à un drive, avec les collaborateurs qui récupéraient leurs tours d'ordinateurs, on a laissé la liberté au personnel de venir ou pas. Au début, le taux de présence aux ateliers était de 45 %. Au bout de quatre semaines, il était monté à 80 % ».

La confiance dans les autres est revendiquée comme le trait dominant de la culture d'Interparfums depuis les origines de l'entreprise en 1982. Comme l'explique Philippe Bénacin, « je raconte les problèmes, je ne suis pas bluffeur, les collègues m'écoutent avec respect, bienveillance. Le niveau de confiance réciproque est très élevé. »

**La confiance dans l'avenir** se constate en particulier dans les entreprises qui, pendant le confinement, n'ont pas cessé d'avancer, voire ont accéléré. Superga Beauty a procédé à l'acquisition à distance d'une entreprise de transport en Chine.

Adista s'est montré très actif dans la croissance externe pendant le confinement, parce que, selon son président, « ce genre de circonstance est le moment ou jamais pour prendre des risques ». C'est aussi l'avis de Bruno Bouygues (GYS) : « Dans ces périodes, chaque fois que j'ai prévu large, j'ai été récompensé, quand j'ai eu la main légère, je l'ai payé après. » Pour Marc Rocagel (Options), « le repli n'est jamais bon. L'environnement est incertain ? Plus que jamais, il faut prendre des risques. »

Et puis, là aussi, le dirigeant a un devoir d'inspirer aux collaborateurs sa confiance en des jours meilleurs. « Quand nous avons introduit les robots, raconte Johan Hugues (Blachere Illumination), j'ai bien perçu l'inquiétude des soudeurs. Je leur ai dit : "Redevenez des ferronniers d'art". » Le cercle vertueux s'est enclenché. La confiance en soi retrouvée leur a fait voir l'avenir en positif. Effectivement, le meilleur était à venir. Leur travail n'a jamais été aussi intéressant que depuis qu'ils prennent part à des commandes sur mesure, comme pour illuminer Dubaï, Orlando, Las Vegas…

Du reste, comment se placer dans le temps long ou élaborer des plans de long terme si l'on se méfie du lendemain ? La réussite est souvent la récompense de la persévérance et de la patience. Chez MicroPort CRM, Benoît Clinchamps s'est souvenu, au cours de la conversation, d'un essai thérapeutique achevé sur un échec après un investissement de dix millions d'euros. Des milliers d'heures avaient été englouties en vain. Du moins, dans un premier temps, car quatre ans après, l'ingénieur et le chercheur en médecine sont revenus sur leur projet avec un regard neuf, et cette fois, le succès fut supérieur aux espoirs placés la première fois. L'optimisme a souvent été cité au cours des entretiens, mais pas dans le registre des valeurs, plutôt celui des qualités professionnelles requises pour être un leader. Au fond, valeurs et qualités sont assez synonymes.

*Le télétravail ou la marque du contrat de confiance*

S'il est un sujet bourré de paradoxes, c'est bien celui-là. Le télétravail est devenu réalité à un moment où une majorité d'actifs n'imaginaient même pas que cela se produise un jour. Le test grandeur nature a non seulement eu lieu, mais il s'est installé dans la durée. Puis, la notion a été légalement consacrée. Mais toutes les mentalités n'y étaient pas préparées. En outre, pour une fois, son avènement n'est en rien le fruit d'une avancée sociale collective. Chronologiquement, nécessité sanitaire a fait loi. Ensuite, la réalité atypique du marché de l'emploi a rendu les salariés maîtres de leurs revendications en matière de conditions de travail. Mais il serait faux de penser que tous les actifs sont univoques dans la réclamation de pouvoir travailler de chez eux. Un foisonnement de prises de position apparaît donc. Celles-ci sont rangées ci-dessous pour faire ressortir leur extrême variété, depuis les plus enthousiastes jusqu'aux plus hostiles.

*Les prosélytes*

Olivier Lamarie (Xylem) : « Chez nous, les accords ont été signés en une semaine, sous le signe de la transparence. C'est en quelque sorte un contrat de confiance qui a été signé. Pour ma part, j'étais familier avec cette façon de travailler dans mes précédentes fonctions, en Autriche, en Finlande. Dans ce pays, le siège d'une grosse société avait été conçu pour ne pouvoir contenir que les deux tiers des effectifs. Ainsi, la direction pouvait être sûre qu'en permanence, un tiers des salariés se trouverait en télétravail. Mais je reconnais que la culture locale influe énormément. En Italie, les dirigeants ressentent un besoin plus fort de contrôle. On voit bien à quel point ce thème est lié à la confiance. »

Jean-Jacques Alexis (Bericap) : « Non seulement il faut l'intégrer et même être en avance sur les attentes potentielles des collaborateurs. »

*Les défenseurs admiratifs du travail accompli par les salariés*

Samuel Zouaghi (Cryostar) : « "On arrête de jouer, on revient au bureau." Mais comment a-t-on pu prononcer de telles phrases insupportables ? Chacun sait que l'on n'a jamais autant travaillé que pendant le confinement. »

*Les enthousiastes*

Anders Wilhjelm (Norican Group) : « Le travail à domicile, les réunions numériques, la gestion à distance, le travail hybride sont devenus la nouvelle norme à un point que personne n'aurait imaginé avant la Covid. L'impact a été principalement positif avec de nombreuses améliorations à la façon dont nous utilisons notre temps et les changements ont été globalement bons avec un ensemble d'avantages généralement reconnus. Cependant, le changement a également créé certains problèmes, car ils ont également limité l'interaction sociale entre les individus. Cela a eu une incidence négative sur le sentiment commun d'objectif et de tissu social dans l'entreprise. C'est un défi pour la direction de rétablir et de sécuriser cela dans les nouvelles circonstances. Il ne reviendra pas automatiquement. » Les restrictions ont également affecté l'interaction avec les parties prenantes externes (clients, partenaires de coopération, fournisseurs, etc.). « Cependant, poursuit Anders Wilhjelm, nous avons constaté qu'il a été possible de surmonter conjointement les problèmes et de trouver de nouvelles façons d'interagir. Dans l'ensemble, les restrictions Covid ont contribué à beaucoup de développement positif. Néanmoins, il est important pour la direction de continuer à travailler avec ces aspects, de s'appuyer sur les bonnes comme dans les mauvaises expériences, d'identifier les avantages et de choisir consciemment les bonnes choses et de continuer à les développer. »

*Les consentants avec réserves*

Marc Rocagel (Options) : « Le télétravail est un prérequis pour attirer un talent. On est sortis des doutes. La preuve a été faite que ça fonctionne. C'est une marque de confiance. Il n'empêche, chez nous, le présentiel est plébiscité. »

Véronique Pican (Equativ [ex-Smart AdServer France]) : « C'est un savant équilibre pour redonner du sens à la présence au bureau et au fait d'aller physiquement dans les bureaux de ses clients. »

Guillaume Fournier Favre (Kone France) : « Oui, bien sûr, sur la base de la confiance. Mais l'usage a précédé le droit. Des grenades à retardement vont exploser aux prudhommes où des entreprises seront poursuivies pour des mails un peu durs écrits sous le coup du stress, ou à des heures tardives. Les gens conservent les mails et n'hésitent pas à en faire des preuves. »

Anders Uddford : « Les dernières années ont été dominées par la Covid, et le plus grand défi a été de diriger à distance et de créer de l'énergie dans une organisation que je ne peux pas voir en personne. »

*Les avocats de la machine à café*

Benoît Clinchamps (MicroPort CRM) : « Cela me pose le problème de la transmission de la culture d'entreprise. Et puis, on perd les conversations de la machine à café, d'où jaillissent des idées souvent bénéfiques pour l'entreprise. »

Philippe Bénacin (Interparfums) : « Impossible de ne pas en faire. Mais tout devient plus lent. Ce ne sont pas les mêmes gens qui sont là au même endroit. Or, la créativité s'alimente au fil des rencontres. »

Valérie Decamp (Mediatransports) : « La créativité par Teams, c'est sec. L'entreprise doit rester le lieu de rencontre, où, en réunion, les idées fusent. »

Pierre Boulet (Novares) : « Les conférences par Teams, au-delà de cinq personnes, c'est de la conversation téléphonique améliorée. »

Yves Lederer (Coriance) : « Ma préoccupation est de garder le ciment qui nous relie tous à la société. »

Brian Mikkelsen (Chambre de commerce danoise) : « Être un bon leader à distance a été un grand défi pendant le confinement. La difficulté demeurera. Il faut être très clair dans la façon d'indiquer la voie. Personnellement, je trouve difficile de diriger à distance. La créativité est moindre. Les gens ne discutent pas autant que dans les réunions où les personnes se rencontrent et se confrontent. Les collaborateurs n'osent pas me challenger de la même manière. »

Thierry Herbreteau (Peters Surgical) : « Les locaux ont été repensés pendant le confinement pour qu'ils ressemblent à des appartements. Nous voulons faire en sorte que les collaborateurs aient envie de venir se poser, surtout après tant de mois de confinement, et passer de bons moments de convivialité. »

*Les défenseurs des intérêts oubliés de ceux qui ne peuvent travailler qu'en présentiel*

Jean-Thomas Schmitt (Heppner) : « Pendant le confinement, ça a marché parce que la cohésion existait avant. Mais je suis désolé, la créativité se fera toujours à la cafétéria. » En outre, le directeur général du groupe de transports et de logistique ne sous-estime pas le danger d'un sentiment de disparité entre deux catégories de personnel. C'est pourquoi il a tenu à marquer le coup pour les chauffeurs pendant que l'accord de télétravail était signé avec les services tertiaires. Des séances de soins et d'apprentissage des bonnes postures par des ostéopathes ont été prévues à leur attention.

Salvatore Alaimo (Dimotrans Group) : « Les conditions de télétravail ont complété les jours de RTT dans les souhaits des futurs embauchés. Je note tout de même une nette préférence des salariés pour le présentiel. Cependant, j'ai été par ailleurs agréablement étonné par la qualité et la productivité du télétravail. Il est vrai que les bureaux à la campagne, baignés de lumière et décorés d'œuvres d'art contemporain plus un besoin de lien social solide militent pour un retour dans l'entreprise. »

Jacques Marcel (GCC) : « Je suis prudent dans une entreprise de production. Je ne veux pas créer de système à deux vitesses. Mais je reconnais que c'est là une vraie demande des collaborateurs. »

*Les pragmatiques, voire résignés*

Est-ce une coïncidence ? Les seuls dirigeants à suggérer une méthode pour tracer une ligne claire entre les tâches sont des dirigeantes. Elles ont réfléchi aux tâches qui peuvent être accomplies chez soi et celles qui doivent rester de l'apanage de l'entreprise comme lieu de travail. Pour tracer la ligne de partage, elles ont chacune une formule percutante :

Véronique Motte (CPM France) : « Le transactionnel à distance, le transformationnel au bureau. »

Valérie Decamp (Mediatransports) : « La production à la maison, la création dans l'entreprise. »

*Les hostiles*

Un dirigeant anonyme : « Il y a des gens qui en profitent… L'autre jour, j'ai croisé dans la rue un de mes collaborateurs en bermuda, qui allait chercher ses enfants à l'école. À qui fera-t-il croire qu'il était en télétravail ? »

## Accords de télétravail et désaccords

| *Entreprise* | *Nature de l'accord* | *Aménagements* |
|---|---|---|
| Kone France | trois jours de présence, deux jours | modulables à tout instant |
| Equativ (ex-Smart AdServer France) | deux jours par semaine | mise en place avant la Covid |
| Xylem | deux jours par semaine | signature en parallèle d'une charte sur la déconnexion |
| Peters Surgical | deux jours par semaine | ajustement semestriel |
| Heppner | deux jours pour les salariés du siège | offre pour le personnel présentiel de séances de massage et d'ostéopathie |
| Lazard | un à deux jours hebdomadaires | souplesse dans le choix des jours |
| GCC | deux jours par semaine | |
| Coriance | deux jours par semaine | |

### Le partage

Sa remontée dans le classement a été indicée sur le dérèglement de l'économie. Chez nombre de dirigeants, la surdité apparente des actionnaires a servi de déclencheur. Comment ceux-ci peuvent-ils réclamer la même rentabilité de leur investissement alors que le pouvoir d'achat des salariés va être écorné, s'il ne l'est pas déjà ? Ces témoignages de leaders sont venus estomper les positions très tranchées du début. La réaction de Bernard Canetti (Comme J'aime) était vivement négative, par exemple, comme s'il sentait que le concept revenait à lui confisquer son bien. De même, Pierre Boulet (Novares), objecte que « l'on ne peut pas partager la troisième mi-temps, si l'on n'a pas joué les deux premières, et mouillé son maillot ». À l'inverse, Olivier Campenon (Lefebvre Sarrut) la met en exergue, parce que, explique-t-il « si vous ne donnez pas, vous ne pouvez pas espérer recevoir ». Chez GYS, Bruno Bouygues estime que dès lors que l'entreprise est bénéficiaire et qu'elle dispose de la trésorerie pour s'autofinancer, après avoir rémunéré ses actionnaires, le reste doit aller aux salariés. « En 2021, l'équivalent moyen de sept mois de salaires a été redistribué sous forme de primes », glisse-t-il incidemment dans la conversation.

« Si l'entreprise est de plus en plus considérée comme un bien commun, je m'en réjouis », ajoute de son côté Guillaume Fournier Favre (Kone France). En attendant cet avènement, il souhaite, pour les dirigeants qui suivront sa génération « qu'ils apprennent de nos erreurs ». Cela aussi est une forme de partage.

Tout comme faire profiter ses pairs de ses connaissances sur certains aspects. Patrice Bélie (Adista) prodigue à ses collègues ses connaissances du cloud et du digital pour les former à la prévention des cyberattaques. En échange, il reçoit beaucoup de retours d'expérience de ses pairs sur toutes sortes de questions de management.

De la même manière enfin, c'est aussi un partage gratuit, mais qui n'a pas de prix, que de recevoir des jeunes qui se lanceraient bien dans l'aventure de l'entrepreneuriat. Guillaume Réveilhac (Cérélia) et Antoine Porcher (V and B) le font systématiquement. Samuel Zouaghi (Cryostar), Jean-Jacques Alexis (Bericap) et Véronique Pican (Equativ [ex-Smart AdServer France]) se rendent dans les écoles, pour donner aux adolescents un éclairage sur des pistes de vie qu'ils n'entrevoient pas encore, et pour leur donner un regard d'envie sur le monde de l'entreprise. Ce faisant, ils captent les signaux faibles d'évolution de la société civile.

## La bienveillance

Le mot a peut-être été un peu trop utilisé ces dernières années. Mais son contenu ne s'est pas démonétisé. « Redécouvrons-la, suggère Guillaume Fournier Favre (Kone France), ça nous manque. Le rôle de dirigeant, c'est de s'occuper des gens dont on a la responsabilité. »

Couplée à la sincérité pour Glaura Grandi-Kartalian (Primagaz), elle permet de réaliser un vrai feedback avec les collaborateurs lors d'entretiens individuels. « Et si à la fin des fins, on découvre que le niveau d'employabilité de la personne est proche de zéro, il faut pouvoir le lui dire. » L'alliance bienveillance-sincérité rend la chose possible.

Isabelle Xoual (Lazard) la juge « essentielle pour parvenir à l'objectif d'insuffler la confiance en eux aux collaborateurs, surtout les jeunes ».

## La sincérité

Souvent citée, puisqu'elle arrive en quatrième position, elle a généralement été mentionnée comme une forme d'évidence, sans être davantage développée. Ces deux phrases fortes méritent toutefois d'être relevées.

Samuel Zouaghi (Cryostar) : « Il ne faut pas faire semblant. Le mensonge est énergivore. »

Cathy Collart Geiger (Picard Surgelés) : « Dans cette époque compliquée, qui peut faire peur à certains, même chez les dirigeants, il faut savoir aller au front avec ses équipes. Cela ne peut se faire qu'avec de la sincérité, de l'authenticité. »

Brian Mikkelsen (Chambre de commerce danoise) : « J'ai un passé d'homme politique, et de cette expérience, je retire cette leçon qu'il faut être la même personne au travail et dans sa vie personnelle. Il ne faut pas essayer de jouer un rôle. Soyez vous-même et soyez une bonne personne. Comportez-vous avec les gens comme vous aimeriez qu'ils vous traitent. N'oubliez jamais que vous pourriez avoir besoin demain de l'aide des personnes qui vous entourent aujourd'hui. »

### Le respect

La notion se décline en trois volets : le respect des autres, de soi-même, et de l'environnement.

Commençons par **le respect des autres**. Les témoignages qui suivent soulignent à quel point cette valeur est incarnée. Le corps et l'attitude parlent souvent beaucoup plus que les paroles.

Valérie Decamp (Mediatransports) : « Il n'y a pas de petit métier. Du colleur d'affiches à l'ingénieur, je porte le même regard sur chacun. »

Jean-Jacques Alexis (Bericap) : « Tout le monde est important. Si la femme de ménage n'est pas là le matin, les toilettes sales vous font mal commencer la journée. »

Marc Rocagel (Options) : « Il faut porter sincèrement sur chacun un regard de respect, d'égal à égal. »

Pierre Boulet (Novares) : « Quand je vois un collaborateur pourrir un de ses collègues devant moi, j'arrête la réunion. »

Salvatore Alaimo (Dimotrans Group) : « J'ai été témoin de la réaction inacceptable de l'un de mes partenaires tenant des propos indécents à l'encontre d'un de mes salariés, un opérateur de base. Cela m'a révulsé. Je l'ai repris immédiatement en lui indiquant que je considérais son comportement comme un motif de rupture commerciale. Nous sommes des chefs d'entreprise et, à ce titre, des exemples pour nos collaborateurs. »

Ici encore, le regard d'acteurs européens sur la France nous en apprend beaucoup sur nous et sur les autres. À la tête du fonds d'investissement qui a repris Algeco, Sunny Thakrar a retenu de son séjour en France quelque chose qui l'a surpris, et qui plaide plutôt pour notre culture : « En France, on ne critique jamais, jamais, le directeur général ou quelqu'un dans une position très exécutive, surtout s'il a son équipe autour de lui. C'est mal vu. Si vous voulez avoir ces conversations, ou avoir une discussion franche, difficile, vous l'avez autour d'une tasse de café, pendant le déjeuner, en tête à tête, mais vous ne le faites jamais dans une salle de réunion. » Et d'en tirer la leçon générale, mais surtout applicable apparemment au Royaume-Uni : « Traitez les gens avec respect. Peu importe qui vous êtes, où vous êtes, c'est incroyablement important. Cela ne fait que donner le ton à l'ensemble de l'organisation. Les titres et les postes qu'on occupe n'ont pas d'importance, ce ne sont que des étiquettes. Mais c'est la façon dont vous parlez aux gens. On parle de la santé, de la sécurité, de la gouvernance, de la conformité, mais toutes ces choses ne sont que des normes éthiques. L'ADN de l'entreprise vient ensuite de la façon dont nous faisons des affaires. Le discours, c'est facile, mais s'il n'est pas suivi d'actions, il vous disqualifie. Les gens vous jugeront à travers ça. »

Son compatriote Steve Griffiths a longtemps occupé des postes à responsabilités dans la compagnie aérienne de Richard Branson. Il a été marqué par l'exigence de respect que ce patron atypique a su insuffler. « Quelle que soient l'importance de votre travail, votre ancienneté dans l'entreprise, vous devez respecter les gens, chaque individu est aussi essentiel pour l'entreprise que vous ne l'êtes. Alors, traitez les gens avec respect, valorisez-les. » Parlant pour lui-même en tant que dirigeant, il poursuit : « Comme leader, vous devez d'abord gagner le respect et vous gagnez le respect grâce à l'intégrité de la manière dont vous dirigez, en soulignant ce qui est bien fait, en étant ouvert, transparent et honnête et en prenant soin de l'organisation. Une fois que vous apprenez cela, vous obtenez le respect en tant que leader. Le respect vient avec la loyauté, et c'est l'élément clé pour moi. »

*Le respect de soi-même*

Cette dimension est si importante qu'elle justifie une grande partie du chapitre qui suit « Comment se préparer » et en particulier, personnellement, dans tous les aspects qui concernent l'hygiène de vie. Toutefois, il faut ici mentionner la dimension éthique plusieurs fois exprimée à travers l'expression : « Je dois pouvoir me regarder dans la glace » que l'on retrouve aussi dans la valeur honnêteté. Dans plusieurs témoignages, les dirigeants reconnaissent qu'ils se font du mal, moralement, mais aussi physiquement, lorsqu'ils avalisent des comportements ou des décisions qui les révulsent. Ils maltraitent leurs corps et leurs psychés. Ce faisant, ils ne se respectent pas.

*Le respect de l'environnement*

Si cette question cruciale est traitée ici et non pas au chapitre des défis, c'est que la notion d'enjeu fait référence à l'avenir, alors que la question posée ici a déjà sa réponse. La transition écologique n'est pas une inconnue comme le terrorisme ou un éventuel nouveau krach boursier, c'est une réalité. Parfois, elle est déjà si intégrée dans les process de fabrication, comme chez Cérélia, qu'elle ne fait plus l'objet d'une communication spécifique. Le cahier RSE est intégré dans le rapport d'activités. Pour plusieurs entreprises de notre panel, la protection de l'environnement est même le cœur de leur modèle économique. Les autres ont opéré leur conversion, et certaines y ont même trouvé des opportunités de développement. Elles ont gagné des marchés qu'elles n'auraient pas obtenus sans leur empreinte verte. Mais à mesure que la dégradation de l'économie venait percuter l'enquête, une question de conscience a fini par s'imposer. Elle ressemble beaucoup au dilemme fin du monde ou fin du mois, exprimé lors de la crise des Gilets jaunes. Cette fois, elle se formule ainsi : nourrir son prochain ou sauver la planète ?

Mais commençons par les sociétés « *environmental natives* », comme on le dirait des start-up qui sont « *digital natives* ». Xylem en est un bel exemple. Ce groupe américain est un fournisseur de solutions globales pour préserver la matière précieuse entre toutes, l'eau. Il se doit donc d'être lui-même exemplaire. Sa responsabilité de développement durable va loin dans l'engagement. D'abord, le siège et chaque filiale visent ou atteignent la neutralité carbone et l'autarcie en eau. Ensuite, dans le cadre de la fondation

Watermark, les salariés peuvent consacrer 6 % de leur temps à du volontariat dans des écoles, pour des opérations de ramassage, par exemple. Mais cela peut aussi se traduire par l'envoi de collaborateurs dans des pays au lendemain de catastrophes. Il y a aussi l'invitation adressée à des clients, des collectivités territoriales, par exemple, de les accompagner dans des pays sans eau potable.

À l'heure où les jeunes réclament du sens et de l'envie avant de s'engager, ces initiatives sont évidemment autant de bons points pour la marque employeur. Elles ont un autre avantage. Loin d'être coûteuses, elles viennent conforter la viabilité du modèle économique. En effet, puisque les municipalités doivent rejoindre la cohorte des protecteurs de la nature, soit par le choix des électeurs, ou pour se conformer à la loi, elles s'appuient sur l'antériorité de Xylem et sur son savoir-faire accumulé. « La réduction de gaspillage est stratégique pour elles, explique Olivier Lamarie, le P.-D.G. de la filiale pour la France, la Belgique et le Luxembourg. Nous sommes force de proposition dans cette évolution. L'impact sur l'économie de remise en état de 30 kilomètres de canalisations dans Paris, en se focalisant uniquement sur les points critiques, libère des ressources financières pour d'autres actions sociales, elles aussi prioritaires. »

Dans la même famille d'entreprises, Akuo Energy invente des solutions de production et de distribution d'énergie décentralisées, infiniment renouvelables puisque leurs matières premières sont le soleil et le vent. Elles ne risquent donc pas d'être inflationnistes. Or, la guerre en Ukraine l'a démontré : la souveraineté énergétique est stratégique. En quelques semaines, l'ETI française est passée de la reconnaissance à la consécration. Le président de la République lui a même repris le concept protégé d'agri-voltaïsme. L'avenir s'annonce radieux.

Mais même si la mission et l'objectif de l'entreprise sont d'accélérer la transition énergétique, à l'intérieur de la société, dans les gestes quotidiens, il ne faut pas baisser la garde. « La RSE chez nous, explique son président Eric Scotto, c'est de nous assurer qu'aucun véhicule sur les chantiers ne roule au diesel. Nous faisons attention à l'impact du digital sur l'empreinte carbone. Nous visons en permanence l'exemplarité en interne, en trouvant des solutions alternatives aux voyages, par exemple. »

Diminuer les déplacements, c'est aussi l'objectif que s'est assigné Johan Hugues (Blachere Illumination). En vrai, il l'a d'abord fait pour se ménager. En d'autres temps, il a passé sa vie dans les aéroports. Sa vie personnelle en a souffert. De plus, un des plus beaux marchés de sa carrière, il l'a obtenu récemment, à New York, par visioconférence ! Mais plus sérieusement, le sujet dans l'entreprise est comme une seconde peau. Et pour cause, la société a été créée au moment du premier choc pétrolier, en 1974. « Les premières guirlandes équivalaient à installer un radiateur électrique entre deux rangées de maisons ou d'immeubles ! » confie l'actuel dirigeant. Mais rapidement, elle a biberonné à l'innovation énergétique et donc environnementale : matériaux bio, plastique recyclé, impact des ampoules divisé par 15. « Nous sommes les pionniers du led, rappelle le président. Bref, nous respectons l'environnement sans en parler tellement c'est dans notre ADN : la moitié de notre budget R&D est consacrée à des trouvailles écoresponsables. C'est notre pierre angulaire en RSE. » L'impact sociétal positif est une puissante source de motivation pour Johan Hugues : « Quand quelqu'un travaille toute la journée sur du plastique recyclé, de retour chez lui, il ne va pas jeter sa bouteille vide en plastique n'importe où. » Le dirigeant agit ainsi parce que, comme nous l'avons vu en début d'ouvrage, il pense très fort que « ce sont les entreprises qui doivent changer le monde ».

Chez Fermob, le respect de l'environnement est inscrit dans sa charte, à côté de la joie de vivre (nous sommes donc loin de l'écologie punitive), de l'attention portée à l'autre (une autre illustration du respect des autres) et du sens des responsabilités (c'est l'effet colibri expliqué plus tôt).

Kone est l'incarnation même du respect de l'environnement. Cela tient certes à sa culture scandinave, qui fait du directeur général de la filiale française un fan de Greta Thundberg. Mais il y a aussi le principe de réalité : la prolifération, sur la planète, de villes de la taille d'un État oblige à réfléchir à la mission même de l'entreprise. D'ores et déjà, et indépendamment de toute obligation législative, pour Kone, c'est d'assurer la mobilité dans la ville, la ville de vingt millions d'habitants, dans laquelle habitera la presque totalité de l'humanité. La proportion est déjà de 80 %. Qu'en sera-t-il en 2050 et quelle sera la nature des problèmes sociétaux à cette époque ? Cette interrogation, couplée à la recherche de durabilité dans la croissance, oblige Kone à être toujours plus inclusive et environnementale.

Virbac, par son activité même de produits vétérinaires, en plus du tropisme de son dirigeant, raisonne en biologiste, qui plus est, adepte de Darwin : « J'apprends de la nature, résume Sébastien Huron. La réalité que nous vivons sur une planète à ressources limitées se trouve dans tous les esprits. C'est d'ailleurs pour cela qu'une des principales valeurs du groupe (écrite sur nos murs) c'est "choisir la pérennité". Nous ne sommes pas intéressés par la performance à court terme. Ce qui nous motive, c'est de créer de la valeur pour tous dans la durée. C'est cette valeur qui assure notre croissance organique. »

Il y a aussi les entreprises qui, tout comme nous l'avions vu avec l'intelligence adaptative, font du monsieur Jourdain. À l'exemple d'Oeneo : « Avec nos bouchons à base de liège, nous améliorons notre connaissance des polymères en cherchant des sources végétales. C'est notre contribution RSE. C'est plus crucial que de se focaliser uniquement sur le bilan carbone, car notre activité survivra à la disparition du pétrole. Notre enjeu est davantage dans la maîtrise de la consommation énergétique. Le liège produit 50 % de déchets végétaux. Dans notre principal outil de production, en Estremadure, en Espagne, nous prévoyons de nous en servir pour alimenter une usine de cogénération électrique. »

Chez Cryostar, Samuel Zouaghi pense que « zéro empreinte, c'est chimère ». Mais à ses yeux, il existe bien d'autres façons pour l'entreprise d'être respectueuse de l'environnement : « Par son action dans la cité, en se préoccupant de l'environnement sociétal, ainsi, participer au bien-être des salariés permet aussi sans doute de les apaiser dans leur vie privée. » Par ailleurs, une entreprise peut avoir une conscience écologiste. Chez lui, grâce à une gestion optimisée de la cantine, un nombre significatif de repas a pu être sauvé quotidiennement de la poubelle.

Un cercle vertueux peut-il alors s'enclencher qui entraîne la cohésion sociale et favorise l'émergence d'opportunités de nouveaux marchés ? Chez Primagaz, la dirigeante en est convaincue. « Nous voulons être acteurs de la transition. C'est une motivation forte. Nous sommes en phase de création de nouvelles molécules. Nous aussi, nous pouvons être des acteurs majeurs de l'économie circulaire. Il y a aussi un enjeu de marque employeur : nous sommes dans le 1 % d'entreprises à bénéficier du label EcoVadis. Je dis souvent aux salariés : "Je veux que vous rentriez à la maison en ayant l'envie de raconter à votre femme et à vos enfants notre stratégie et ce que nous faisons pour la planète." »

Chez Superga Beauty, Leslie Bréau-Meniger insiste sur la transition écologique. « C'est le premier sujet de mes clients. J'en fais une force de proposition et de différentiation. C'est elle qui va le plus transformer notre métier, nos entreprises et nos vies. J'ai pris le dossier au niveau de la direction générale, car je crois qu'il est essentiel que ce soit le dirigeant qui donne l'impulsion et définisse la stratégie. Nous ne pouvons pas attendre que les opérationnels, qui sont quotidiennement pris par de multiples problématiques, prennent le lead et irriguent l'entreprise. En revanche, leur contribution est la clé dans la réussite de celle-ci. Ainsi, le déclic s'est opéré avec la création d'un comité de pilotage multimétiers. Maintenant, la fierté de travailler sur ce thème est grande. L'adhésion s'opère aussi bien à Paris que dans les usines en régions, au point qu'un collègue d'Arras se préoccupe de la façon dont nous collectons les déchets à Paris. Les fournisseurs et les clients sont mobilisés aussi. Nous avons pris une longueur d'avance sur les process. »

Dans ce cas, la prise de conscience est venue du plus haut de l'entreprise. Mais la revendication de respect de l'environnement peut provenir de multiples acteurs. La liste qui découle des témoignages est longue. Elle y inclut :

– Les jeunes générations, stressées par la question environnementale, et stressantes pour leur entourage professionnel. C'est le cas chez Equativ (ex-Smart AdServer France). Chez Lefebvre, Sarrut, Heppner, Dimotrans Group, GCC, ils sont en première ligne dans des commissions dédiées. Dès qu'il est question de RSE, ils sont consultés en priorité.

– Les enfants des dirigeants : on l'a plus haut chez Primagaz où les cinq enfants de la présidente sont tous « 100 % RSE », et chez CPM France, où sa présidente Véronique Motte est maintenue en éveil par ses deux filles. « Le sujet me fait réfléchir, poursuit-elle. Je ne peux plus faire abstraction que j'ai un parc de huit cents voitures qui sillonnent le terrain en permanence. Un passage à l'hybride est en cours de réflexion. »

– Les clients : « Ils réclament des audits RSE avant de signer le contrat observe Marc Rocagel (Options). L'exigence est montée d'un cran. » Parfois, les entreprises ne peuvent que s'en réjouir. Chez Heppner, les efforts lui ont valu d'être bien notée par le système EcoVadis. « Cela nous a fait gagner des clients comme Decathlon et L'Oréal ». Philippe Bénacin (Interparfums) confirme : « Depuis trois ans, tout le monde se préoccupe de sauver la planète. Les plus en retard restent les Américains, mais même les Chinois s'en préoccupent. Chez nous, en France, la tendance est lourde. Il n'y aura pas de retour en arrière. Cette conversion se traduit au niveau du choix de la matière, du packaging, des colorants, du verre qui doit être recyclable. Nous avons mis au point le parfum *Girls* de Rochas qui est le plus écoresponsable du marché : le jus est naturel, le capot est recyclable. Le produit marche. » Mais la question reste posée : est-ce parce qu'il est vertueux ou parce que sa fragrance est séduisante ?

– Les actionnaires : ils sont de trois natures : familiaux, institutionnels et particuliers. Chez Heppner, si les efforts évoqués plus haut ont fait gagner le groupe de transports en compétitivité, c'est parce que des membres de la famille mettaient la pression, mais pas n'importe lesquels. « Nous sommes trois générations d'actionnaires, explique Jean-Thomas Schmitt, les 70, les 50 et les 30 ans. » Ce sont ces derniers qui sont les plus activistes. « Ils étaient prêts à une baisse des dividendes si cela donnait du sens à long terme de modifier la flotte des véhicules. » La pression des investisseurs est vécue comme une bonne chose par Isabelle Xoual (Lazard) : « Grâce à ces derniers, les industriels ont fait les bons investissements. On voit l'impact aujourd'hui. La leçon doit être retenue pour les exigences de compliance et en matière de cybersécurité. » Philippe Bénacin chez Interparfums, reconnaît que s'il a été alerté très tôt de la nécessité du virage écologique, c'est par ses actionnaires.

– Les banques : « Les accords de financement se font maintenant après lecture de notre rapport RSE », observe Salvatore Alaimo (Dimotrans Group). Céline Gris (Gris Group) confirme : « Des banques peuvent refuser des financements à cause de la RSE. »

– Le législateur et tous les décideurs de la chose publique (gouvernements, Commission de l'Union européenne, agences spécialisées de l'ONU). Parfois, c'est pour le meilleur, d'autres fois, pour le moins bon, comme on l'a vu dans le chapitre consacré aux défis. Leur tempo n'est pas toujours le bon, et finit par dénaturer ou rendre inutilisables les produits créés par les entreprises. En tout cas, la liste le démontre, ils ne sont pas les acteurs exclusifs du sujet ni les moteurs principaux d'évolution des mentalités.

Le revirement de la conjoncture pourrait cependant les remettre sur le devant de la scène, et leur redonner un plus fort pouvoir de prescription, par l'effacement de bien d'autres acteurs cités plus haut. La question cruciale est la suivante : l'exigence environnementale est-elle soluble dans la crise économique présente et à venir ?

Nous avions rencontré Guillaume Réveilhac (Cérélia) au tout début de la guerre en Ukraine. Tout de suite, il avait pressenti que cette épreuve servirait de sérum de vérité pour distinguer les industriels sincères et ceux qui se contentaient de « faire semblant ». Lui a choisi son camp : « Il n'y a pas de compromis possible avec la transition alimentaire, quitte à ce que nous devions repenser un modèle économique viable et pour lequel la croissance ne serait plus le moteur principal. »

Une nouvelle fois, l'éclairage le plus instructif nous vient de Scandinavie, et plus particulièrement de Suède où Otto Drakenberg et Johan Lagercrantz évoquent sans détour le dilemme entre les intentions nobles et la réalité du quotidien. Leur interrogation rappelle le hiatus mis en évidence en France au moment de la crise des Gilets jaunes, entre la fin du monde et la fin du mois. Le premier est P.-D.G. de Scandi Standard, premier groupe volailler de son pays, il pose ouvertement la question qui est en fait sur toutes les lèvres : « Nul ne sait, en fait, jusqu'à quel point la prise de conscience environnementale chez les investisseurs, les citoyens, les consommateurs et les salariés résistera au test du pouvoir d'achat. L'heure de vérité viendra lorsque les économies ralentiront et obligeront à des compromis douloureux. Mon hypothèse de fonctionnement est que lorsque les temps économiques seront plus difficiles, la priorité chez toutes ces personnes sera celle du portefeuille. » Pourtant, le respect de l'environnement est une valeur forte et elle doit le rester. C'est pourquoi le dirigeant suédois souligne « la nécessité de réglementations et d'incitations gouvernementales plus fortes et plus intelligentes, pour soutenir le sens dans les moments difficiles ».

De son côté, Johan Lagercrantz fait écho à la préoccupation de son compatriote en observant, pour sa part, les motivations des salariés. Il a pris récemment la présidence de Mathem, le premier magasin alimentaire en ligne en Suède. Le concept de l'enseigne a fait florès, car il répondait aux exigences élevées des Suédois en matière de diététique et de sécurité alimentaire. Mais le nom de la marque a beau évoquer les mathématiques, c'est précisément un problème de rigueur des chiffres qui nécessitait sa nomination, alors qu'il présidait jusque-là le groupe d'intérim Randstad Sweden Group AB. D'un côté, convient-il, nul doute que « le besoin d'avoir un emploi utile est croissant. De nombreuses personnes ont postulé activement pour des emplois chez nous pendant la Covid, car notre offre de produits et de services est porteuse de sens et contribue à l'amélioration de la vie quotidienne ». Mais, tempère-t-il, « nous avons vu aussi qu'il est encore plus important d'avoir un emploi sûr en temps de crise. C'est même plus important que de sauver le monde ! »

## L'exemplarité, la persévérance et l'honnêteté

« Va faire tes maths pendant que papa regarde le match ! » La formule de Sébastien Huron (Virbac) est cinglante, mais ô combien exacte. Il décrit par là le hiatus devenu impardonnable chez un dirigeant quand il n'est pas exemplaire lui-même, ou qu'il ne met pas en conformité ses propos et ses actions. Cathy Collart Geiger (Picard Surgelés) juge cette attitude d'autant plus inconvenable dans la période actuelle que les salariés ont besoin d'être mis en confiance. L'exact contraire, qui est la défiance, s'installe vite lorsque de tels écarts sont constatés. C'est pourquoi elle aussi intègre l'exemplarité dans les premières places de son classement. C'est ce qu'elle appelle également « la congruence » ou encore « l'alignement de sa personnalité : faire ce que l'on dit, dire ce que l'on fait, avec cohérence et sincérité ». Pour Pierre Boulet, elle sert de « terreau pour faire pousser le reste : comment demander à un collaborateur d'arriver plus tôt si soi-même on arrive à dix heures ? » C'est aussi une question de respect, et ce dernier marche dans les deux sens. Patrice Bélie (Adista) prévient : « La génération Z ne respecte pas quelqu'un qui ne se met pas à son niveau. » Et la formule de conclusion revient à Valérie Decamp (Mediatransports) : « Le patron nul, ça ne passe plus. »

S'agissant de la persévérance, les avis sont nuancés. D'abord, n'est-elle pas un symptôme de mode mental automatique qui se déclenche sous l'effet du stress ? L'intelligence adaptative propose à sa place la souplesse, autrement dit, la démonstration d'un esprit délié. C'est comme cela que la voit Samuel Zouaghi (Cryostar) : « Oui, comme valeur, si on ne la confond pas avec l'entêtement, l'obligation que l'on se fixe sans réfléchir, l'autodestruction. La persévérance doit être une conséquence de l'envie », précise-t-il. En revanche, pour Jean-Thomas Schmitt (Heppner) et Bernard Canetti (Comme J'aime), c'est la valeur qu'ils citent en premier. Enfin, l'honnêteté arrive souvent à la fin, non pas parce qu'elle est jugée mineure, mais parce que les dirigeants craignent d'enfoncer une porte ouverte, tant elle est pour eux une évidence. Il n'empêche, pour plusieurs, ce qui va sans dire va encore mieux en le disant. Ils précisent certains aspects de la question. Ainsi, Guillaume Fournier Favre donne ce conseil qu'il se rappelle souvent et plus encore à l'heure des réseaux sociaux : « Tout ce que tu fais, demain, c'est à la une. » En d'autres termes, mesure bien les conséquences de tes écarts de conduite. Ils te reviendront toujours comme un boomerang. Jean-Jacques Alexis (Bericap) s'est fixé cette ligne de conduite : « Un dirigeant n'a pas le droit de mentir. Mais il a le droit de ne pas tout dire. » Parce que parfois, c'est juste impossible. Cathy Collart Geiger et Véronique Motte se rejoignent quand toutes deux affirment, comme un cri du cœur, chacune de son côté, qu'elles « détestent travailler avec des malhonnêtes ».

## Toutes les valeurs réunies et bien d'autres encore

Valérie Decamp, Thierry Herbreteau, Salvatore Alaimo sont de ceux qui ont pris la liste en entier. Et puis, sont venues s'ajouter bien d'autres valeurs qui, mises bout à bout, ne parviendraient pas à configurer un être parfait, mais s'en rapprocheraient grandement. Au fil des entretiens sont venus se greffer l'**humour** pour Vincent Bagès, Gaëlle Launay, Bernard Reybier et Marc Rocagel ; l'**audace** pour Dominique Tourneix, l'**engagement**, pour Yves Lederer et Olivier Campenon ; le **travail** pour Guillaume Réveilhac et Céline Gris ; le **courage** pour Benoît Clinchamps, Valérie Decamp – qui inclut son corollaire, la peur –, et pour Olivier Campenon, qu'il associe à

**énergie** et **discernement** ; la **congruence** et l'**humilité** pour Cathy Collart Geiger ; la **sérénité** et la **curiosité** pour Leslie Bréau-Meniger.

La valeur suggérée par Philippe Bénacin mérite une explication, car *a priori*, elle évoquerait presque un défaut. Il recommande la **superficialité**. Mais après coup, sa thèse est bien plus profonde qu'il n'y paraît. Elle a même donné lieu à un développement passionnant lors de l'entretien avec Thierry Herbreteau. L'idée du président d'Interparfums est la suivante : on ne peut pas être bon partout. Dès lors, il faut savoir prioriser. Inutile de s'évertuer à obtenir un 16/20 quand un 14 suffit, surtout si le temps passé à gagner les deux points est englouti au détriment de ses domaines d'excellence. Son éloge de la superficialité se révèle être en fait celui du discernement et du sens des priorités.

Ne pas savoir hiérarchiser, n'est-ce pas le défaut pointé chez les jeunes qui accumulent des masses de données sorties des algorithmes sans pouvoir en extraire un message qui a du sens ? C'est la raison pour laquelle Philippe Bénacin préconise l'exercice, traditionnel durant ses années d'études, qui consistait à rédiger des fiches de synthèse. Isabelle Xoual (Lazard) en convient volontiers. De sa scolarité, lorsqu'elle préparait les concours, elle a gardé l'habitude de traiter un problème dans un délai court, et donc de prioriser les données. C'est exactement ce que son métier à la banque lui commande de faire chaque jour.

Et puis, la superficialité de Philippe Bénacin peut être prise dans l'autre sens, comme le suggère Thierry Herbreteau. Elle consiste à passer de 12 à 16/20 quand on sait qu'on le peut. Un possible surcoût de la qualité inutile pourra certes apparaître, mais il ne sera rien à côté de la quantité de procédures et de process qui auront été revisités pour la première fois depuis longtemps, et qui feront dire : « Pourquoi on s'y prend si mal comme ça ? » Quand la réponse est : « Parce qu'on l'a toujours fait », nous sommes dans la fameuse routine du mode mental automatique. Tandis que si on peut la transformer en : et si nous élargissions le cadre grâce à la créativité ? Alors, le mode mental adaptatif est à l'œuvre et laisse espérer de substantielles économies de fonctionnement.

Enfin comment ne pas conclure par la valeur préférée de Sébastien Huron – **l'amour** – et par celle soulignée par Bernard Reybier ainsi que Leslie Bréau-Meniger : la **gratitude**. Chez le premier, elle se traduit par un grand Merci écrit dans le hall d'accueil, et chez la seconde, par la solennité avec laquelle elle prononce à chaque fois ce mot que jamais elle ne galvaudera.

Dans un monde qui tend à devenir de plus en plus agressif, l'ETI deviendrait-elle non pas the « *great place to work* », mais carrément « *the great place to live* » ? En tout cas, après le passage en revue des défis, des sources de stress, des responsabilités sociétales et environnementales, on comprend la nécessité de trouver le temps et les moyens de se ménager pour tenir bon et se tenir bien. L'intelligence adaptative est bien sûr un moyen privilégié. Elle sera d'autant plus efficace que le corps et la tête s'y seront préparés. C'est l'objet du prochain chapitre.

## Ce qu'il faut retenir

– Pas de valeur ajoutée sans le respect des valeurs éthiques du dirigeant et des salariés.

– Les valeurs doivent aller par deux.

– La confiance et son aboutissement ultime : le télétravail.

– Le respect de soi-même, des autres et de l'environnement est nécessaire.

– Le partage est une valeur en hausse.

– Il faut toujours être au clair vis-à-vis de sa boussole éthique.

# Chapitre 5.
# Comment se préparer au leadership de l'incertitude

Sébastien Huron (Virbac) reprend volontiers à son compte les paroles de Gandhi quand ce dernier affirme que « l'Homme est un ». Il n'est donc pas pertinent selon le dirigeant d'installer une cloison étanche entre ses univers professionnel et personnel. « Elle n'existe pas », tranche Olivier Campenon (Lefebvre Sarrut), et bien des dirigeants reprendraient mot pour mot ses propos. Céline Gris (Gris Group) se l'interdit même, car « les bonnes idées pour l'entreprise m'arrivent souvent quand je suis dans un autre environnement que le travail ». Certains, ou plutôt certaines, s'astreignent cependant à délimiter les territoires. Ce sont Glaura Grandi-Kartalian (Primagaz) et Isabelle Xoual (Lazard). La première dit : « En dehors du travail, je me consacre entièrement à ma famille. » Mais si au hasard de sorties le soir, elle peut rencontrer des personnes susceptibles d'étancher sa curiosité, elle le fait volontiers, car elle sait que « ces conversations enrichiront plus tard sa vie professionnelle ». Quant à la seconde, elle prévient : « Je cloisonne, chose que ne font pas forcément les jeunes générations. Je me préserve des havres de sérénité. » Mais c'est aussi parce qu'elle a mesuré, à l'expérience, « qu'avec le recul, on est plus créatif ». Notamment pour le travail. Les passerelles entre les deux univers sont donc nombreuses.

## L'HYBRIDATION DES VIES PROFESSIONNELLE ET PERSONNELLE

Pour mieux résister aux multicrises qui les assaillent, plusieurs de nos interviewés tentent de préserver plusieurs territoires dans leur seule et unique vie. Sans le savoir, certains se sont livrés à une surenchère en la matière. Le premier, Jean-Jacques Alexis (Bericap), tient ce conseil d'un patron qui l'avait marqué au début de sa carrière. Il lui en avait décrit trois : la vie professionnelle, la sphère familiale et son jardin secret. « Comme cela, quand l'un ne va pas, il vous reste toujours deux jambes pour avancer et faire face. » Guillaume Réveilhac (Cérélia) en ajoute un quatrième : l'engagement dans la vie sociétale. Il encourage à participer à la vie associative locale, ou à prendre des responsabilités dans les conseils municipaux. Sébastien Huron s'est souvenu d'une citation d'un grand P.-D.G. quand il vivait aux États-Unis. Cette citation disait à peu près la chose suivante : « Imaginez-vous la vie comme un jeu dans lequel vous êtes amené à jongler avec cinq boules. Les cinq boules sont : la famille, la santé, le travail, l'argent et les amis. Deux de ces boules sont en caoutchouc : le travail et l'argent. Si vous les laissez tomber, elles rebondissent… en revanche, les autres boules sont en cristal, elles doivent être vos "gros cailloux", "vos priorités", ne les laissez pas tomber. » Le Suédois Otto Drakenberg (Scandi Standard) alimente, lui, en permanence six vies non professionnelles : « Adhésions à de multiples associations, sport, philanthropie, vie de famille, amis, projets de construction ambitieux. De la sorte, explique-t-il, ma stimulation intellectuelle est constante et m'aide à voir mes problèmes professionnels sous des angles résolument différents. »

Cependant, même si ces sagesses emportent l'adhésion intellectuelle, pour la clarté de la présentation, nous séquencerons quand même les préparations dans les deux univers professionnel et personnel. Le premier requiert désormais des attitudes et des connaissances qui n'ont plus grand-chose à voir avec ce qui constituait encore voici cinq ans le « leadership mode d'emploi » de tout bon dirigeant.

## COMMUNIQUER, UN NOUVEAU MÉTIER À PLEIN TEMPS

La grande découverte professionnelle des dirigeants aura résidé dans les deux nouvelles fonctions qui se sont imposées à eux, au point de dévorer tout le temps normalement dévolu aux autres. Ce sont la communication et l'écoute. Ce sont les côtés pile et face d'une réalité désormais indépassable : le savoir-être. Au plus fort de la crise, la première s'est révélée impérieuse, pour informer les salariés. La seconde est devenue indispensable, pour rassurer, cette fois, les équipes. Mais aussi pour s'aider soi-même à prendre les bonnes décisions, en consultant autour de soi. Rapidement, les deux activités sont devenues habituelles, car deux besoins étaient nés chez les collaborateurs, de savoir ce qui se passe et de se sentir rassurés. Ces demandes existent toujours. Elles doivent continuer à être satisfaites.

En plongeant dans la communication, les dirigeants ont découvert le triptyque d'un bon éditorial dans le journalisme. Il faut avoir quelque chose à dire, savoir le dire et oser le dire. La première composante soulève d'emblée un dilemme. Idéalement, il faudrait avoir en permanence une nouvelle importante à partager. Mais quand ce n'est pas le cas, est-ce à dire qu'il est préférable de se taire ? Non, au plus fort de la crise, elle signifiait qu'il fallait impérativement trouver quelque chose à dire, pour ne pas laisser le silence installer dans son sillage la rumeur et l'angoisse. Encore actuellement, il conviendrait, le plus souvent possible, de trouver quelque chose à dire. Car l'inquiétude, la lassitude, voire la peur, n'ont pas disparu. « C'est ce qui rend autant nécessaire de faire passer des messages d'optimisme », analyse Cathy Collart Geiger (Picard Surgelés). C'est bien tout l'enjeu exprimé tout au long de ce livre : susciter l'envie, malgré les circonstances.

Savoir le dire, c'est travailler le fond et la forme. Sur le contenu, quel message faire passer pour qu'il soit retenu ? Sur la manière de le dire, quels mots trouver, quels outils de communication employer ? Enfin, oser le dire, ce n'est pas le moins important. Reprenons ces aspects un par un. La crise a révélé qu'il vaut mieux toujours parler, même si c'est pour reconnaître qu'on ne sait pas, même si c'est pour se contredire dans les quinze jours.

« Si c'est dit avec humilité, sans langue de bois, cela ne dévalorise pas le dirigeant », constate, à l'expérience, Guillaume Fournier Favre (Kone France). « Mais s'il s'entête, alors là oui. » De même, calcule Samuel Zouaghi (Cryostar), « si un patron exprime ses difficultés, il aura *a minima* huit salariés sur dix à le suivre ».

Savoir le dire consiste en premier lieu à trouver les mots pertinents. « Ils doivent être compréhensibles par tous », met en garde Benoît Clinchamps (MicroPort CRM). Il en parle en praticien. Pendant les moments forts de la Covid, il a tourné chaque mois une vidéo traduite en six langues. Elle s'adressait aux parties prenantes, dispersées sur la planète, et plus particulièrement, aux équipes réparties dans trois usines dans le monde (Clamart, République dominicaine et Chine). Il fallait que les phrases ne soulèvent aucune ambiguïté au moment des traductions. Une autre difficulté logistique était de faire en sorte que les messages parviennent à une heure acceptable par tous.

Mais sans aller si loin, Jacques Marcel (GCC) pointe un écueil semblable à l'intérieur de nos frontières : « L'agence de Nantes n'a pas les mêmes références culturelles que celle de Marseille. » Pour Guillaume Réveilhac (Cérélia), avec l'hyper croissance que nous connaissons, il est devenu fondamental de communiquer avec toutes les parties prenantes de notre écosystème : « Chaque pays a sa culture, chaque site de production a son histoire. Si la transparence est notre fil rouge, le mode de communication doit être adapté à chacun de nos publics : clients, collaborateurs, partenaires, membres de la société civile ou actionnaires. Pour le reste, je crois qu'il faut être spontané et parler vrai. J'essaie de visiter au moins une usine par semaine et d'aller à la rencontre de deux clients. »

Thierry Herbreteau (Peters Surgical) souligne cependant l'importance de s'éloigner de l'amateurisme. À ses yeux, un perfectionnement constant de la forme est indispensable. « Pendant la Covid, la communication a rendu l'incertitude plus supportable, mais il faut poursuivre cet effort. Bien parler en public, ça se travaille. » En ce qui le concerne, il précède ses interventions d'un dialogue permanent avec les équipes sur le terrain afin de partir du contexte local et de démarrer par les préoccupations des gens. En outre, il met en garde contre une communication mal structurée : c'est l'assurance d'une cacophonie qui « va renforcer l'incertitude ».

C'est également ce qui inquiète le plus Jean-Thomas Schmitt (Heppner). Il exprime sa crainte que, de son discours, le directeur de filiale ne retienne que ce qui l'arrange. Pour autant, il ne remet pas en cause la nécessité nouvelle apparue pendant le confinement, et qui est venue éclairer ses responsabilités de dirigeant d'un jour tout à fait particulier. « Je me suis livré humainement, parce que les gens voulaient savoir. J'ai rassuré, mais sans fard. Dans cette période de crise sans précédent, j'ai livré mes sentiments. On peut dire des choses dures, faire des choses difficiles dès lors qu'elles sont placées sous le signe de la transparence, de la sincérité, et de l'honnêteté. »

Olivier Lamarie (Xylem) est également sensible au risque d'ambiguïté. C'est pourquoi il redouble de précautions pour s'assurer que tout le monde comprend. Il consacre du temps à trouver le mot adéquat et valider que la définition est partagée. Et quand l'incompréhension est avérée, il remonte à la racine. « C'est peut-être un problème de maîtrise du process évoqué au cours de la communication, d'*empowerment*, d'impossibilité à trouver du sens à ce qui est demandé. »

Ce faisant, il démontre l'importance de ne pas tomber dans les jargons propres à tout corps de métier. Quand il s'adresse à tout le monde, du directeur financier à l'hôtesse d'accueil, le dirigeant doit parler comme s'il expliquait son métier à son petit-fils.

En outre, il lui faut emprunter les quatre voies qui permettent à un individu d'appréhender la réalité : l'intelligence rationnelle, émotionnelle, intuitive et morale. Les informations rationnelles sont bien sûr nécessaires, pour indiquer où l'entreprise se dirige et comment il va être procédé.

Mais il ne faut pas négliger le fait qu'un contenu émotionnel est également attendu. Même si c'est parfois difficile, il faut conclure sur un message d'optimisme, savoir dire merci, reconnaître la force du groupe, même si celui-ci est de plus en plus éparpillé du fait du télétravail. Pour reprendre l'expression d'Yves Lederer (Coriance), « le ciment qui fédère » doit être entretenu.

Bernard Canetti (Comme J'aime) ne dit pas autre chose quand il souligne que « manager, c'est posséder l'art des mots. Le rationnel passe par la bouche, la subjectivité par les oreilles ». À cette fin, il a suivi un stage « magnifique » selon lui, sur l'art d'améliorer son impact.

Une fois les mots trouvés, la manière de les dire est essentielle. Et c'est là sans doute que le nécessaire perfectionnement suggéré par Thierry Herbreteau (Peters Surgical) trouve le plus à s'illustrer. En premier lieu, un chiffre doit être particulièrement retenu : 60 % de ce que le public retient d'un message passe par le non verbal : le regard, les mains, la façon dont l'orateur est habillé ou coiffé. Ensuite, il faut savoir que l'improvisation, ça ne s'improvise pas. Enfin, il faut se connaître, afin que le discours reflète la personnalité de celui qui le prononce.

Il y a des façons de bredouiller qui sont éloquentes. Pour Marc Rocagel (Options), « s'il est sincère, un discours bafouillé passe parfois mieux, qu'une allocution lisse ». Cette dernière aura beau être brillante, si elle est désincarnée, elle va trahir le manque d'empathie de celui qui la lit. « Pendant le confinement, nous avons communiqué différemment, par vidéo. Il le fallait : le besoin d'être réassuré était double, par rapport à la Covid et à la conjoncture, mais aussi par rapport à Options. Si nous ne manifestions pas notre vraie confiance dans l'entreprise et si nous ne savions pas le dire, nous risquions de perdre des collaborateurs. Or, quand je perds un talent, c'est comme si j'étais amputé. J'ai donné le meilleur de moi-même. En retour, les collaborateurs ont fait de même. »

La longueur de l'intervention doit aussi être soigneusement calculée. « Au début, j'étais sans doute trop long, confie Patrice Bélie (Adista). À la suite de la Covid, j'ai installé un message vidéo mensuel que je m'efforce de contenir à dix minutes. Cela crée un sentiment de proximité. Je fixe l'œilleton de la caméra installée au-dessus de mon écran d'ordinateur, et je me lance. » Mais cette intervention n'est qu'un élément de la panoplie qu'il s'est constituée. « Comme je crains d'ennuyer, je m'efforce d'alterner, entre le medium (vidéo, mail, message en présentiel), la façon de faire passer le message (par exemple, je relie un chiffre à une décision récemment prise). Je tiens compte aussi de la personne à qui je m'adresse, du moment pour m'adresser à elle, en fonction de sa disponibilité. Suivant chacun, l'information ne parvient pas de la même façon, elle touche une émotion différente. »

En communication, comme en toute chose, on est toujours un perpétuel apprenti. Il ne faut pas hésiter à se trouver des modèles. En visionnant plusieurs fois des personnalités qui vous ont séduit, on finit par en décrypter les raisons. Il n'est pas honteux de s'en inspirer, du moment que le débit ou la gestuelle de la personne admirée ressemblent à votre personnalité. Guillaume Fournier Favre (Kone France) a été impressionné, pendant le confinement, par les prestations télévisées de Sébastien Bazin, le P.-D.G. d'Accor : « Je le trouvais calme, rassurant, ouvert, empathique. »

Pour illustrer le principe que l'improvisation doit se préparer, Philippe Bénacin (Interparfums) livre sa technique : « Je note quatre mots clés sur une feuille, et je me lance. J'ai toujours fait court. L'important, c'est la sincérité. On mesure une posture vraie sur la durée. On n'est pas bluffeurs dans la société. Je raconte les problèmes. L'écoute est bienveillante, respectueuse, et chacun se focalise tout de suite sur les moyens de régler les choses qui ne vont pas. On est surcommunicants en interne. Le plan hebdomadaire de production de la *supply chain* est connu de soixante-dix personnes, qui le reçoivent par mail. Tout le monde, dans la société, a une vision globale de l'entreprise, de ce qui s'y fait, où elle va, etc. »

Enfin, pour savoir le dire, il faut connaître les outils avec lesquels on sera le plus à l'aise, le plus efficient. Quand les entreprises se sont virtualisées, le seul moyen d'atteindre les collaborateurs dispersés chez eux était évidemment l'écran. Le nombre de personnes simultanément connectées a souvent surpris les utilisateurs eux-mêmes. Antoine Porcher (V and B) a pu réunir ses deux cents franchisés. Bel exploit, qui correspondait en son temps à un besoin de se souder les uns les autres, de se rassurer, de s'informer. Faut-il pour autant pérenniser l'exercice ? Comme il l'a dit plus haut, Pierre Boulet (Novares) considère « qu'au-delà de cinq personnes, Teams, c'est du téléphone amélioré ». À l'autre bout de la technologie, dans les usines où le présentiel était en vigueur, l'unité de lieu permettait de réunir tout le monde, en respectant les distances de sécurité. Le porte-voix s'est révélé aussi moderne que les réseaux sociaux.

Sur le fond, maintenant, comment aborder le troisième volet : oser le dire ? Pour Jacques Marcel (GCC), « la meilleure communication, c'est la transparence. Au plus fort de la crise pandémique, nous avons dit la vérité des choses : notre visibilité ne dépassait pas la semaine. Et puis, nous avons mis en cohérence notre parole et nos actes : j'ai fait acter que si les compagnons sur les chantiers étaient à 84 % de leur salaire net, nous devions en faire autant. D'autant que, comme les compagnons touchent en temps normal des primes de panier, de déplacement, etc., qu'ils ne percevaient plus, leur compensation était plus proche de 75 %. Elle était donc encore plus faible. Même si nous étions au travail, en présentiel, nos conditions matérielles étaient sans commune mesure avec les collègues dont le pouvoir d'achat était arrivé à un seuil critique. » Et puis, nous l'avons vu, il faut avoir la simplicité de dire : je ne sais pas. Le seul parti à prendre est celui de la vérité. Pour autant, jusqu'où tout dire ? Rappelons la phrase de Jean-Jacques Alexis (Bericap) à propos de la sincérité : « On n'a pas le droit de mentir, mais on a le droit de ne pas tout dire. »

La deuxième grande découverte des nouveaux communicants a été de mesurer à quel point cette tâche est chronophage. « Certes, admet Olivier Lamarie (Xylem), ça prend du temps, mais si l'on veut arriver à convaincre vite, il faut savoir aller doucement. » Patrice Bélie (Adista) constate : « Je ne fais que ça ! J'ai l'impression d'être comme le personnel politique des années 1980 quand il découvrait le *media training* et le bon usage de la caméra. » Quand on pense que dans ces années-là, les patrons, eux, ne parlaient jamais !

Le troisième enseignement tient à la diversité des outils de communication. Leur abondance pose la question de leur pertinence. Après coup, il est apparu qu'à chaque circonstance, un outil de communication se révèle plus adapté qu'un autre. Avant le confinement, la réunion solennelle dans le hall était le format le plus pratiqué. C'était une forme de grand-messe, dont le rituel était bien connu de tous ses pratiquants. Elle était très peu interactive. Comme le résume Glaura Grandi-Kartalian (Primagaz), « la norme, c'était un discours annuel dans une convention, et basta ».

Au plus fort de la crise, la cadence de communication est parfois devenue quotidienne ! Ce fut le cas pour Dominique Tourneix (groupe Oeneo), qui l'admet bien volontiers : « Avant la crise, nous ne savions pas bien communiquer. » La prise de parole en public lui a procuré des satisfactions qu'il n'aurait pas imaginées. Mais il a pu mesurer aussi le bien que cela faisait aux salariés. « Une forme d'identification très forte s'est opérée. » Alors, il continue l'exercice, sans donner de rendez-vous fixe, mais autant que de besoin, et puis, il va rattraper son retard : « Nous ne sommes pas assez connus, et cela nous pose des problèmes pour recruter des talents. En revanche, reconnus, oui, nous le sommes. Nous allons donc partir de là. » En disant cela, le dirigeant valide un principe ancien dans la communication : si l'on ne dit pas bien ce que l'on fait bien, ou si l'on dit mal, le monde pensera que l'on fait mal.

De même, pendant le confinement, comme on l'a vu, Antoine Porcher (V and B) a organisé des visioconférences dans un format hors norme avec ses franchisés. Il s'est aussi filmé lui-même pour réaliser le tuto des bonnes pratiques sanitaires en prévision de la réouverture des magasins cavistes. « Les fonctions communication et ressources humaines entrent de plus en plus dans l'emploi du temps d'un dirigeant », constate-t-il. Il accueille volontiers ces responsabilités. Mais pour lui, elles doivent principalement s'exprimer en présentiel. « J'organise régulièrement le café du DG pour les nouveaux embauchés. Je recrute encore moi-même chaque nouveau franchisé. Je connais encore le prénom de tous mes collaborateurs, et ceux de la plupart des enfants des collaborateurs du siège. » Et ça, il y tient. C'est son métier qui le veut. Sans convivialité ni joie de vivre, un réseau de bars et de caves perd sa raison d'être. Et puis, c'est sa personnalité. Sa communication doit donc être alignée sur elle.

Deux ans après cette période folle, que reste-t-il des habitudes prises dans les entreprises ? Selon leur métier ou leur implantation géographique, le numérique ou le présentiel sont privilégiés. La tendance générale est au mélange des deux. Même si le présentiel est redevenu de rigueur, les réunions Teams sont maintenues du fait du télétravail. Et là où il serait possible de communiquer à distance, si le contact de personne à personne peut être établi, il est encouragé.

Chez Mediatransports, « nous avons pérennisé avec le codir le principe d'un *morning briefing*, note Valérie Decamp. Nous avions multiplié les prises de parole avec les salariés : le Teams, nous l'avons gardé. » Chez Fermob, Bernard Reybier rédige, après chaque codir, une newsletter à l'attention des managers. Il extrait la substantifique moelle des échanges. Mais il le fait surtout pour que les collaborateurs se sentent embarqués. « Il faut toujours être vigilant à la frustration non dite des managers, explique-t-il. Cela passe par une pédagogie de la confiance. Chacun doit pouvoir se fier à ce que fait l'autre, sans qu'il soit nécessaire de rendre compte à tout instant de ce que chacun fait. » C'est pourquoi, au-delà du bulletin d'information, Bernard Reybier croit surtout au contact direct avec les collaborateurs. Il s'astreint à le faire au moins une fois par semaine. « J'applique le même mode de communication avec les fournisseurs et les banquiers. Ils apprécient ! »

Chez Superga Beauty Leslie Bréau-Meniger a conservé le *reminder* mensuel instauré pendant le confinement. « On trouve là le bon équilibre entre le *on se voit* et le *on se téléphone.* »

Chez Primagaz, l'instauration de *calls* réguliers a été appréciée des salariés. La direction de la communication organise des webinaires mensuels. « J'y participe, confirme Glaura Grandi-Kartalian, surtout quand il s'agit des sessions dédiées aux questions qui n'avaient pas eu de réponse immédiate. Mais je n'oublie pas le CSE. » Voilà en effet un danger qui vaut pour toutes les entreprises, celui que les instances représentatives se sentent court-circuitées, flouées ou mises à l'écart par ces rendez-vous d'information.

Chez Rians aussi, le contact de personne à personne a été privilégié après la Covid. « Le besoin de créer des moments de convivialité s'est accru », note Vincent Bagès. « La communauté de valeurs s'entretient dans ces moments-là », poursuit Gaëlle Launay. « Nos valeurs ne changent pas, mais les façons de les incarner si, il faut leur donner de la signification. »

Chez V and B, Antoine Porcher continue d'honorer le pot du vendredi avec ses collaborateurs du siège.

Chez Cryostar, la communication était déjà sophistiquée avant le confinement. Les outils ont été maintenus. Les rendez-vous forts restent les deux réunions annuelles de toutes les équipes. « Le codir vient s'expliquer, insiste Samuel Zouaghi. À chaque fois, un membre prépare une intervention, dans son domaine d'expertise.

Puis s'instaure un jeu de questions-réponses. Aucune question n'est saugrenue. On les prend comme elles viennent, et si je ne sais pas la réponse, je le dis. Si je ne peux pas répondre, parce que c'est confidentiel, je l'explique aussi. Tous les trois mois, un petit déjeuner est organisé avec les nouveaux recrutés. Je veux les avoir avant que leur étonnement s'émousse, et qu'ils m'en fassent part. Nous avons aussi un petit déjeuner trimestriel avec le codir et cinq ou six salariés qui en expriment la demande. Et puis, il y a l'Académie Cryostar, où chacun peut se mettre formateur. Par exemple, le juriste vient présenter aux équipes commerciales comment border un contrat. »

Mais surtout, les crises à répétition enseignent qu'il ne faut pas se laisser enfermer dans un carcan de rendez-vous institutionnalisés, figés dans le temps. S'il faut parler en urgence, il n'est pas question d'attendre la prochaine vidéo trimestrielle pour le faire. Si l'enjeu est d'embarquer les équipes, le message doit parvenir à tous, sans exception. Le mail a plus de chances d'être reçu par la totalité des équipes qu'une communication par Teams. Et puis, la communication ne fonctionne pas que dans un sens. Quand on est émetteur, il faut accepter d'être aussi récepteur. C'est toute la signification de l'écoute.

## ÉCOUTER, L'AUTRE VERSANT DE COMMUNIQUER

Quand un collaborateur ne se sent pas écouté, il considère, non sans raison, qu'il n'est pas reconnu. Or, la reconnaissance est un des besoins fondamentaux de l'individu, à peu près à égalité avec la sécurité de disposer d'un toit et la garantie d'avoir de quoi manger. C'est dire le ressenti de la lésion quand il ne se sent pas reconnu.

Il faut donc respecter l'écoute, d'autant plus que chaque dirigeant peut mesurer tous les jours à quel point elle le sert non seulement dans ses prises de décision managériales, mais aussi dans ses choix stratégiques. Quantité d'interviewés le disent, à l'instar de Samuel Zouaghi (Cryostar) : « Pour prendre une décision juste, il faut écouter, écouter », ou de Céline Gris (Gris Group) : « Pour être sûre de la justesse de ma décision, j'écoute beaucoup. Je décide moins vite que mon père. Je sais que les uns et les autres, à leurs postes spécialisés, sont meilleurs experts que moi. Je les écoute, et il y a peu d'échecs, car les choix sont le fruit d'un consensus. »

Yves Lederer (Coriance) abonde dans le même sens : « Il importe de rester au contact de ses salariés. À cette fin, il a accompli un tour de France de ses agences, pour écouter les équipes. Il est revenu au siège avec une remontée d'irritants, sans importance au niveau national, mais qui peuvent pourrir la vie des collaborateurs localement. Par exemple, à l'agence d'Aix-en-Provence, un salarié paraissait très contrarié, voire démotivé. La cause en était qu'il devait chaque jour effectuer une portion de son trajet sur une autoroute à péage et il était systématiquement coincé dans les bouchons. Il aurait simplement souhaité une carte de télépéage, qui lui avait été refusée, parce que cela n'était pas prévu dans le mode de fonctionnement de l'entreprise. Évidemment, l'anomalie a été réparée, mais sans écoute, elle aurait continué à gangréner le collaborateur, avec des conséquences potentielles sur l'ambiance générale au sein de l'agence en entier. »

Il est primordial, et payant à terme, d'écouter la part de vérité qui existe dans chacun de ses interlocuteurs. Personne ne se met en tort en connaissance de cause. Dès lors, il faut savoir accueillir les avis qui diffèrent du sien. Si l'interlocuteur est de bonne foi, et visiblement intelligent, alors le président ou le CEO se doit de se poser la question : comment est-il venu à raisonner ainsi ? Peut-être a-t-il vu quelque chose que je n'avais pas perçu ? Cependant, pour l'admettre, il faut accepter de penser contre soi-même. Dans l'absolu, ce n'est pas facile, ça l'est encore moins quand on est tenté de se réfugier derrière sa supériorité hiérarchique. Mais c'est cela, écouter ! Ce n'est pas se contenter d'éviter d'interrompre son contradicteur, c'est entrer pleinement dans le processus mental de son contradicteur. C'est se mettre en empathie. Attention ! En empathie, pas nécessairement en sympathie. La première notion signifie que l'on a totalement intégré le propos de l'autre, elle ne veut pas dire que l'on y adhère : ça, c'est la définition de la sympathie.

Tout comme la communication, l'écoute active s'apprend. Elle donne l'impression à votre interlocuteur qu'elle est à vos yeux la personne la plus importante du monde au moment où elle vous parle. L'ancien président des États-Unis Barack Obama excelle dans cet exercice qui n'est en rien de la manipulation, mais plutôt une marque de respect.

Une bonne pratique consiste aussi à reformuler le propos de la personne, pour bien montrer qu'on cherche à être dans la plus grande empathie. « Si j'ai bien compris, vous me dites que… » Si, à cette phrase, la personne répond : « C'est ça !!! », vous pouvez être sûr que vous en avez fait une alliée.

Mais attention, la qualité de l'écoute est fragile. Quelques gestuelles peuvent tuer tous les efforts entrepris : consulter son smartphone par exemple, pendant que l'autre parle. Même si vous lui dites : « Je t'écoute, je t'écoute », le mal est fait. Si possible, il faut aborder la personne les yeux dans les yeux, mais en ayant soin que le regard ne traduise pas de l'impatience ou un profond mépris. En définitive, écouter, ce n'est pas simplement garder le silence pendant que l'autre parle, ce n'est pas se contenter d'éviter de l'interrompre, c'est accueillir pleinement ses paroles.

Un grand nombre d'interviewés ont manifesté au cours des entretiens leur prise de conscience en la matière. Pour Jean-Thomas Schmitt (Heppner) : « L'écoute est mon travail de fond de ces dernières années. Cela me permet d'éviter certaines réactions épidermiques parfois durement ressenties par mes interlocuteurs. » Thierry Herbreteau (Peters Surgical) rappelle : « Ma première valeur est le respect, et dans le respect, il y a beaucoup d'écoute. » Salvatore Alaimo (Dimotrans Group) le reconnaît : « Je me nourris de rencontres, par le biais du Medef lyonnais par exemple. C'est dans l'échange, l'écoute, la lecture, l'observation que l'on capte les signaux faibles, mais encore faut-il être capable de les entendre et les traduire en opportunités. » Pour Johan Hugues (Blachere Illumination), « c'est une caractéristique du leader que d'être à l'écoute ».

Mais sans doute cette qualité s'acquiert-elle avec l'âge ? Dominique Tourneix (groupe Oeneo) le pense : « L'écoute est l'un des points les plus importants à ce stade de ma vie professionnelle. Plus jeune, on croit qu'on doit s'imposer par charisme. Du coup, on parle et on oublie parfois d'écouter. »

C'est aussi le mot clé de Glaura Grandi-Kartalian (Primagaz). « Un leader est souvent seul, explique-t-elle, Un moyen de pallier ? L'écoute. J'adore aller au contact des gens, mais au-delà des rencontres, ce que je préfère, c'est poser des questions. Je suis une éponge. Et les idées neuves finissent par se construire dans ma tête en connectant toutes les bribes de conversation ».

Leslie Bréau-Meniger (Superga Beauty) en est également persuadée : « Une décision est en fait mûrie, même si elle donne l'impression d'être prise sous l'impulsion. Sans le savoir, on teste ses idées auprès de chacun », et si l'on est capable d'une bonne écoute, on sent là où ça passe et là où ça casse. On réitère avec des mots qui emportent mieux l'adhésion, ou sont mieux compris, et à la fin, « puisque, c'est mieux formulé, c'est mieux entendu ».

Eric Scotto (Akuo Energy) resitue cette qualité requise dans le contexte qui se dessine : « Face à la nouvelle donne du marché de l'emploi, les managers doivent être au service de leur équipe (c'est la logique du servant leader), c'est-à-dire qu'ils doivent consacrer le temps nécessaire à l'écoute, la compréhension, la pédagogie, leur développement. »

De fait, en ces temps compliqués de crises à répétition et d'ambiances de travail plombées, l'écoute présente trois vertus pour les dirigeants. Elle leur sert à rassurer les équipes, en leur montrant qu'au-delà de la personne attentive qui intègre leurs propos, il y a un pilote dans l'avion. Elle les aide à décider en stratège, et à bien manager au quotidien.

Écouter pour décider ? Valérie Decamp (Mediatransports) livre sa technique : « Je lance une piste, puis son opposé, j'écoute la réaction. En fait, j'écoute, j'écoute, et j'écoute de plus en plus mon intuition. La seule fois où je ne l'ai pas fait, j'ai connu mon seul échec professionnel ».

Écouter pour bien manager ? Jean-Jacques Alexis (Bericap) avait constaté en arrivant dans la société un déficit en communication interne et externe. Lors de la rédaction de la charte d'entreprise ECRIRE, l'engagement a été pris de renforcer l'écoute. « Depuis, nous améliorons nos méthodes pour accroître le temps de l'écoute et favoriser la multiplication des échanges. Il faut beaucoup d'écoute pour contrer les mauvaises interprétations. Cela va de pair avec la bienveillance. » Et cette dernière va souvent de pair avec l'exigence. « La communication, c'est aussi de l'information fluide. *Bad news*, j'accepte ; *bad surprise*, jamais. »

Chez Cryostar, l'écoute est également d'une aide précieuse dans le management des talents et le ménagement des susceptibilités. « J'avais un problème constant avec le service achats et approvisionnement, se rappelle Samuel Zouaghi. Cela représentait une quarantaine de personnes au sein desquelles les relations étaient plus ou moins tendues. Je leur ai proposé une séance d'autodétermination : "Faites-moi votre organigramme idéal." Écoute couplée à la confiance : cela a fonctionné. » C'était une question d'intelligence des situations. La plus importante aux yeux de Samuel Zouaghi : « Si on a le savoir-être, on arrive toujours à posséder le savoir-faire. »

Chez Xylem, quand il a en face de lui un contradicteur, Olivier Lamarie joue le contrepied : « "Que veux-tu dire par là ?" On creuse. » Le questionnement à base d'écoute est toujours créatif. De même, le dirigeant s'assure de la justesse de sa décision en réunissant le triangle : gemba, écoute, discussion. « D'abord, on dessine le plan d'ensemble avec les chefs de service, puis on procède à un affinage en *one to one* pour s'assurer du *buy-in*, éviter les non-dits en public. Une fois cette phase réussie, on poursuit par des cercles de plus en plus excentrés. La stratégie apparaît alors naturelle et d'autant plus acceptée que chacun aura eu le sentiment de l'avoir dessinée, notamment parce qu'il se sera senti écouté, et d'être dans la co-construction. L'autre avantage est que toutes les personnes impliquées deviennent des ambassadrices du projet, facilitant la communication et le déploiement au sein de l'entreprise. »

## Se nourrir des rencontres

Dès lors que l'on s'est mis en disposition d'esprit d'accueillir la parole des autres pour s'enrichir, où peut-on, justement, rencontrer ces personnes intéressantes ?

Dans les territoires, les dirigeants reconnaissent manquer parfois d'opportunités, mais à Paris, leurs pairs n'ont pas le temps. Plusieurs pistes sont toutefois évoquées.

Le METI (Mouvement des entreprises de taille intermédiaire) est le plus souvent cité. Il se révèle précieux pour parler en confiance de ses préoccupations du moment, comme Jean-Thomas Schmitt (Heppner) qui n'osait pas au début parler de sa crainte de la cyberattaque. Comme c'est un lieu d'échanges où l'on donne et l'on reçoit, Patrice Bélie (Adista) parle volontiers de son expérience, précisément sur le sujet de la cybercriminalité, et les témoignages qu'il reçoit en retour lui sont d'un apport incomparable. La fréquentation de ce club est aussi un excellent moyen de briser la solitude du dirigeant.

Face à des enjeux économiques où une nouvelle législation peut compromettre l'exercice d'une activité, il ne faut pas se battre seul. C'est épuisant, voué à l'échec, et en plus, cela se passera dans l'indifférence générale. Il faut avancer « en meute », expression souvent prononcée lors des entretiens. Les organisations comme le METI sont d'excellents réceptacles pour organiser ce genre d'actions.

Plusieurs dirigeants citent des clubs où ils peuvent aller nourrir leur réflexion en s'ouvrant à d'autres disciplines que la gestion. Dans celui qu'il fréquente, Guillaume Fournier Favre (Kone France) a pu rencontrer de nombreux ministres et personnalités politiques. « Le problème ensuite, avoue-t-il, c'est qu'il est difficile d'exploiter tous les enseignements que j'en retire. » Johan Hugues fréquente l'antenne régionale de l'APM (Association pour le progrès du management). « Un soir, se souvient-il, nous avons reçu un philosophe. À la sortie, j'ai entendu un patron bourru, que je n'aurais jamais imaginé s'intéresser à de tels sujets, confier que c'était génial. J'en étais tout ému. »

Bien d'autres institutions répondent à ce besoin de s'ouvrir. Thierry Herbreteau (Peters Surgical) mentionne le Cercle Dagobert. Céline Gris (Gris Group) souligne tous les enseignements qu'elle a reçus du réseau Germe, le réseau d'entraînement des managers. Elle est aussi membre du Rotary Club de Metz. Pour Bernard Reybier (Fermob), c'est l'association Family and Business Forum. Enfin, plusieurs dirigeants prennent le temps de suivre des formations, pour améliorer leur prise de parole, l'écoute, l'éloquence.

## RECHARGER SES BATTERIES DANS SA VIE PERSONNELLE

On n'a qu'un corps et une tête, et il importe qu'ils soient alignés. L'efficacité professionnelle ne se conçoit pas sur la durée sans un ménagement de sa monture et une hygiène physique et mentale. Comment nos dirigeants se rechargent-ils pour améliorer leur résilience ? Leurs pratiques balaient toute l'étendue des possibles, des activités les plus douces aux sports les plus extrêmes, de celles qui soignent la tête à celles qui sollicitent les jambes. Commençons par les premières.

**Faire le vide en soi.** La méditation compte au moins trois adeptes parmi nos dirigeants. Marc Rocagel (Options) y consacre vingt-cinq minutes quotidiennes, dont la moitié, comme on l'a vu, sont consacrées à projeter l'entreprise dans un avenir proche, puis plus lointain. C'est bien la preuve de l'imbrication des deux univers professionnel et personnel. C'est pour cela qu'il entretient aussi son corps : « Pour tenir sur la durée, il faut un entraînement d'athlète de haut niveau. » Il veille particulièrement à maîtriser les agressions psychiques : « Une journée stressante, et ce sont des énergies qui restent bloquées. » C'est aussi la raison pour laquelle il est adepte du programme EFT (*Emotional Freedom Technic*).

Chaque jour, de midi à deux, Bernard Reybier (Fermob) s'abstrait du brouhaha ambiant pour se livrer à sa séance où il a rendez-vous avec lui-même pour vider sa tête des pensées polluantes qui parfois tournent en boucle.

De même, témoigne Yves Lederer (Coriance), « dès que j'ai cinq minutes, je médite. Quelquefois, il m'arrive même de me garer sur le bas-côté, et je m'applique à ne plus penser à rien ». Mais à côté, il pratique aussi beaucoup de sports qui lui donnent l'occasion de se dépenser : « Je le fais par plaisir et par nécessité. Il est vital de se préserver des moments de coupure. Quand le besoin s'en fait ressentir, c'est qu'il est déjà tard. » Et puis, reconnaît-il avec plaisir et fierté, « j'ai toujours trouvé aussi de l'équilibre auprès de ma sphère familiale ».

Dans la même philosophie, Eric Scotto (Akuo Energy) pratique assidûment le yoga, au point qu'avant la pandémie, il consacrait chaque année quinze jours de retraite spirituelle en Inde. « J'y allais avec mon épouse. C'est un travail physique et mental. » Il a bien conscience qu'il n'a qu'une carcasse. Il a été sévèrement touché par le virus. « Avec l'âge, le corps vieillit », constate-t-il au lendemain d'un voyage de onze heures en avion. Il revenait de La Réunion, où il construit un ambitieux programme d'énergie solaire. Une mauvaise posture, la durée, l'air conditionné, la perte d'habitude, il avait oublié tout cela depuis le confinement, mais pas son corps : il lui a infligé un douloureux lumbago.

En plus de ses séances régulières de yoga, Valérie Decamp (Mediatransports) pratique la natation, l'équitation et le surf à Biarritz. Mais après une série d'épreuves familiales, elle ressent surtout la nécessité d'accomplir un gros travail sur elle. « Je passe plus de temps avec mes amis, je surveille mon hygiène de vie. La lecture de Mathieu Ricard[1] m'aide beaucoup. À chaque conversation, je me demande : qu'est-ce que je vais apprendre de cette conversation ? »

Céline Gris (Gris Group) pratique pour sa part la sophrologie. Elle a aussi un chien et elle n'est pas la seule des dirigeants à témoigner de tout ce que leur animal apporte. Chaque matin, très tôt, Eric Scotto marche avec le sien dans la forêt de Saint-Germain-en-Laye. Anders Uddfors (Lernia) en fait de même en Suède.

Avec ou sans chien, la marche est souvent pratiquée par les décideurs. Véronique Pican (Equativ [ex-Smart AdServer France]) en fait un exercice quotidien, en plus de la gymnastique deux fois par semaine. « Je marche plus qu'avant, reconnaît-elle, et je m'autorise une parenthèse téléphonique. J'appelle mes proches, mes amis, des relations professionnelles, mais après plusieurs heures de visio, où vous sortez dans un état semblable à celui des enfants après un après-midi de tablette ou d'écran, cela me permet de trouver le bon dosage. Dans le même esprit, je me suis désaccoutumée des chaînes d'info en continu et je lis au long cours. »

Véronique Motte (CPM France) savoure aussi les bienfaits du vélo, du jogging ou de la marche qui est souvent une activité connexe à la méditation.

La nature et les arbres en particulier se révèlent aussi un fréquent exutoire. « En Bretagne, dans le Morbihan, je m'occupe de mes arbres, confie Guillaume Fournier Favre (Kone France). C'est essentiel pour mon hygiène mentale et mon équilibre. » Pour Guillaume Réveilhac (Cérélia), c'est même une composante essentielle de sa vie, d'un point de vue philosophique avant d'être un art de vivre : « Je suis forestier et ai développé une passion pour la sylviculture. Je replante des parcelles dégradées. Mon arbre préfé-

1. Moine bouddhiste, docteur en philosophie et en neurobiologie, proche du Dalaï-Lama.

ré est le chêne », témoigne le dirigeant qui gère aussi un groupement foncier forestier en Normandie.

De son côté, si Jean-Thomas Schmitt (Heppner) pratique la chasse, c'est surtout pour le plaisir d'être en Alsace, le berceau familial, et « dans la nature, avec mon fils, et avec moi-même. C'est surtout un prétexte à se débrancher de tout, là où le réseau ne porte pas ». De même, Olivier Lamarie confie : « Je viens de l'Isère. J'ai un besoin physique de la nature, de grands espaces, laissant libre cours au regard et à l'imagination. »

Brian Mikkelsen (Chambre de commerce danoise) veille aussi à se préserver le corps et l'esprit. « Récupérer physiquement est très important pour moi, explique-t-il. Plus jeune, je travaillais tard le soir, j'envoyais des mails au milieu de la nuit, et je dormais peu. Cela n'est ni sain ni durable. Je fais beaucoup de sport, pas seulement pour être en bonne santé et en bonne forme, mais pour pouvoir travailler plus longtemps et prendre les bonnes décisions, en gardant la tête froide. Je joue au tennis et j'aime courir. Le sport est aussi une récupération mentale. Plus tôt dans ma carrière, j'ai été ministre de la Culture. Cela reste une passion. Ma femme et moi visitons une exposition et nous rendons à l'opéra deux fois par semaine. Nous aimons aussi lire et discuter de livres. »

**Entretenir son corps.** Faire le vide en soi n'est pas incompatible avec l'entretien de son corps, comme on vient de le voir. Mais certains dirigeants mettent davantage l'accent sur la pratique physique intense. Elle les aide à débrancher ou, au contraire, à rester connectés. Certaines activités sont classiques : la natation pour Valérie Decamp, le vélo pour Jacques Marcel, le tennis pour Thierry Herbreteau. D'autres sont plus inattendues, et une troisième catégorie, franchement extrême. Parmi les surprenantes, Glaura Grandi-Kartalian a pratiqué assidûment le rodéo. Elle l'avait appris au Brésil, et comme elle s'est révélée douée, elle a pris confiance en elle grâce à cette activité. De retour en France, elle a un peu cessé. Son enjeu physique et psychologique est maintenant de « trouver l'équilibre en tout ». Isabelle Xoual (Lazard) est également devenue familière des chevaux, en accompagnant sa fille au haras. Elle a décidé de se mettre, elle aussi, à l'équitation, « pour vérifier que j'étais encore capable d'apprendre un nouveau sport à mon âge, et aussi pour découvrir mes réactions face à cet animal quand même étrange ». Toujours dans le registre de l'originalité, notre banquière cavalière pratique aussi les claquettes.

Dans la catégorie des sports extrêmes, Samuel Zouaghi pratique le triathlon ironman : « Je décide de lui vouer du temps. » Les spécialistes le confirment, il faut s'y consacrer entre quinze et dix-huit heures par semaine. « Mais, poursuit-il, je récuse la phrase : je n'ai pas le temps. Quand on a la chance de ne pas être à la rue, le temps, on ne le subit pas, on le choisit. »

L'escalade, telle que la pratique Patrice Bélie (Adista), est également extrême. « J'ai toujours fait beaucoup de sport, de l'athlétisme, je n'étais pas un mauvais marathonien, mais à 50 ans, mes genoux se plaignent. En revanche, je n'abandonne pas l'escalade. Je lui consacre deux à trois sessions par semaine. Je défends mes mardi et jeudi. Je vois un parallèle entre la vie professionnelle et la pratique sportive. D'abord, je m'entraîne, donc je progresse. Professionnellement, cela se traduit par des formations que j'enchaîne de manière constante, *via* l'APM, ou à Sciences Po. Sportivement, je continue à participer à des compétitions d'escalade, avec des adversaires parfois deux fois plus jeunes que moi. Ensuite, ce sport développe des qualités physiques diverses, mais aussi mentales : je dois vaincre la peur de tomber. Cette interdiction d'avoir peur m'a galvanisé pendant la crise. Enfin, l'escalade oblige à anticiper, prévoir, visualiser le geste d'après. C'est un très bon entraînement pour pratiquer l'*infinite game* (du nom du fameux livre de Simon Sinek), qui est pour moi l'unique façon de manager désormais. »

Les sports alpins que pratique Jean-Jacques Alexis (Bericap) sont également du niveau d'un professionnel aguerri aux situations sinon extrêmes, du moins dangereuses. « Je suis en poste à Dijon, mais ma résidence principale se situe dans une station alpine de Savoie. Tous les vendredis soir, je rentre et, le samedi matin, je me vide la tête en pratiquant différentes activités liées à mon environnement. »

À 59 ans, Salvatore Alaimo (Dimotrans Group) a parcouru le GR 20. Le jour de notre entretien, il s'apprêtait à partir disputer la Transpyr (800 kilomètres de VTT en sept jours). Il pratique aussi les sports mécaniques dans le désert.

**Les sports passion.** Toutes les activités sont pratiquées avec passion bien sûr, mais chez certains, transparaît une vocation qui les accompagne depuis l'enfance. Ils n'envisageraient pas leur vie sans cette pratique. Ils justifient même le choix de leur vie professionnelle par leur hobby.

Thierry Herbreteau (Peters Surgical) pratique le tennis trois fois par semaine. « Ce n'est pas négociable. Ce n'est pas de l'égoïsme, il faut savoir se préserver soi-même pour être utile aux autres. Il faut une hygiène de vie pour être bon. Cela me vide la tête, et je pense mieux après. » Une photo de Federer dans son bureau montre cependant que son assiduité n'est pas qu'une hygiène, c'est aussi le témoignage de sa passion.

L'Anglais Russell Ward (RW holding) adore la voile qu'il pratique au plus haut niveau mondial. Comme il possède plusieurs sociétés en portefeuille, il lui est loisible d'organiser son emploi du temps. Il y a les heures pour les entreprises, celles dédiées à sa famille, et le reste est voué aux régates, aux sorties d'entraînement, et aussi aux lectures qui peuvent l'aider à se perfectionner encore dans son sport.

Son compatriote Sunny Thakrar (Algeco) parle avec un enthousiasme communicatif de sa passion sportive qui le conduit à fréquenter régulièrement les stades, pour assister à des matchs. « Je suis fou de football. Ma femme refuse de m'accompagner. Elle trouve que je ne suis plus le même quand je deviens supporter. Quand elle m'a dit ça, je lui ai répondu : "Connais-tu beaucoup d'endroits dans le monde où tu peux te tenir debout, dire ce que tu aimes, comment tu aimes, quand tu aimes sans te faire arrêter ?" J'ai d'autres passions sportives. Je les regarde beaucoup et je me laisse aller. C'est beaucoup plus facile de se déstresser de cette façon. Je pratique beaucoup cette activité. »

Pour Antoine Porcher (V and B), le squash est une pratique assez régulière, mais ce qu'il préfère avant tout, c'est passer du bon temps avec ses amis, « se marrer le week-end, avec la grande famille de V and B ». Le plus jeune sans doute de nos interviewés bénéficie encore du privilège de son âge : le rendez-vous qui saute en premier sur son agenda est toujours celui de la séance de sport, et son corps ne le lui fait pas payer. Mais une façon de décompresser consiste aussi pour lui à s'intéresser au sport pratiqué par les autres, la voile avec Maxime Sorel, son navigateur préféré, puisqu'il le sponsorise, notamment sur le Vendée Globe.

**Ménager sa monture.** Sébastien Huron (Virbac) essaie de « bien dormir et manger sain. Il faut savoir écouter la machine, déceler à temps le coup de mou du trentième kilomètre au marathon. » Mais très engagé et très responsable, il déplore de ne pas disposer d'assez de temps pour se ressourcer dans la durée, dans le temps.

Philippe Bénacin (Interparfums) pratiquerait bien l'alpinisme, « mais on oublie vite ». Alors, il cultive un autre jardin secret, la guitare, mais surtout, il trouve le ressourcement dans la lecture : « J'ai toujours dix livres d'avance, mais peu de romans, car j'oublie les noms des personnages ! »

## ÉLARGIR SON HORIZON

Johan Hugues (Blachere Illumination) se nettoie la tête en sollicitant tous ses sens. Il entretient sa créativité en pratiquant la peinture, la sculpture et la photographie. Pour Olivier Lamarie (Xylem), la lecture est un moment fort, d'autant plus que, dit-il, « j'ai la chance de pouvoir lire en plusieurs langues. Pirandello ou Morante en italien, c'est incomparable. Pareil pour les Russes, ou les auteurs du Moyen-Orient et des Balkans. » Mais pour à peu près tous, les livres fournissent l'occasion de rendez-vous privilégiés. Les ouvrages et les auteurs qui les inspirent sont réunis en fin de chapitre.

**Enfin, voire surtout, il y a la famille.** Elle est évoquée spontanément, avec émotion, tendresse, admiration, aussi bien par les dirigeantes que par les dirigeants. Si d'aventure, ces derniers ne savaient pas pourquoi ils se lèvent le matin, ils savent toujours pour qui. Comme l'explique Pierre Boulet (Novares) : « Les sujets professionnels, je les laisse derrière le portail de la maison en rentrant. J'ai quatre enfants. » Jacques Marcel (GCC) parle aussi de ses enfants, et encore plus de ses petits-enfants. Idem pour Yves Lederer (Coriance) et Jean-Thomas Schmitt (Heppner). Guillaume Fournier Favre (Kone France) rend hommage à sa femme et à leurs cinq enfants. Guillaume Réveilhac (Cérélia) remercie sa femme, art-thérapeute, qui a élevé leurs trois enfants, et lui a permis de réaliser sa vie d'entrepreneur. Olivier Lamarie (Xylem) souligne tout l'apport de sa femme, qui a fait les Beaux-arts de Venise, pour sa construction intellectuelle. De même, Olivier Campenon (Lefebvre Sarrut) confie : « Ma femme est étrangère à l'univers des affaires, elle me déstresse et me ramène au principal, la famille. »

**Esquisse d'une bibliothèque idéale pour les dirigeants**

Au fil des conversations, de nombreux livres ont été cités, dans des registres différents : des essais, des romans classiques ou récents, des ouvrages philosophiques. Tous, à un moment ou un autre, ont éclairé la vie de leurs lecteurs. Certains ont même contribué à changer leur vision du leadership et du management. Ils produiront peut-être le même effet sur d'autres. Voici une compilation de leurs lectures inspirantes.

### Leurs livres de chevet

– Pour Patrice Bélie (Adista) : *The Infinite Game* de Simon Sinek

Le thème : Dans la vie en général, et dans celle de l'entreprise en particulier, il n'y a pas de règle finie, pas de sifflet pour signifier la fin du match. Comment malgré tout mener une vie gagnante lorsqu'on est dirigeant ? En respectant cinq idées forces :

1 – trouver la juste cause, le pourquoi de toutes ses actions.

2 – composer des équipes en confiance : sur un graphique Performance/Confiance, vous avez tout intérêt à **privilégier des recrues en qui vous aurez confiance, plutôt que des recrues performantes, mais toxiques.**

3 – Observer ses justes rivaux : **ne vous limitez pas à vous regarder le nombril si vous voulez comprendre l'évolution du marché.**

4 – Se préparer à une flexibilité existentielle. **Aucun business model n'est éternel : serez-vous prêt au moment où votre marché changera complètement ?**

5 – Enfin, le courage de diriger : **le courage de prendre une nouvelle direction, vers l'éthique et le long-terme plutôt que l'argent facile.**

L'auteur : Simon Sinek est un conférencier britannique, auteur de livres sur le management et la motivation. En 2009, il publie son best-seller *Commencer par pourquoi : Comment les grands leaders nous inspirent à passer à l'action* (*Start with Why : How Great Leaders Inspire Everyone to Take Action*). La même année, il participe à une conférence TED, et son intervention, « How Great Leaders Inspire Action » se classe parmi les dix conférences TED les plus appréciées, avec plus de dix millions de vues en cinq ans. En 2014, il publie son deuxième ouvrage, *Pourquoi les vrais leaders se servent en dernier* (*Leaders Eat Last : Why Some Teams Pull Together and Others Don't*).

*Le Jeu infini*, parution 29 mai 2020, éditeur : Pearson France, 224 pages.

– Pour Sébastien Huron (Virbac) : *Le Bug humain : Pourquoi notre cerveau nous pousse à détruire la planète et comment l'en empêcher* de Sébastien Bohler

Le thème : Plus qu'un moment critique, nous vivons une véritable tragédie.

Mais alors que la situation empire, aucune réponse collective tangible ne vient. Nous voyons le mur se rapprocher et nous ne faisons rien. La conscience de ce qui nous attend ne semble avoir aucun effet sur le cours des événements. Pourquoi ?

Parce qu'au cœur de notre cerveau, un petit organe appelé striatum régit depuis l'apparition de l'espèce nos comportements. Il a habitué le cerveau humain à poursuivre cinq objectifs qui ont pour but la survie de l'espèce : manger, se reproduire, acquérir du pouvoir, étendre son territoire, s'imposer face à autrui. Le problème est que le striatum est aux commandes d'un cerveau toujours plus performant. L'homme s'est bien imposé comme le mammifère dominant de la planète. Du coup, son cerveau réclame toujours plus de récompenses pour son action. Tel un drogué, l'humain ne peut discipliner sa tendance à l'excès. À aucun moment, il ne cherche à se limiter. Hier, notre cerveau était notre allié, il nous a fait triompher de la nature. Aujourd'hui, il est en passe de devenir notre pire ennemi.

L'auteur : Sébastien Bohler est docteur en neuroscience et rédacteur en chef du magazine *Cerveau et psycho*. Il a obtenu Le Grand Prix du Livre sur le cerveau 2020 de la *Revue neurologique*.

Paru en 2019, chez Robert Laffont, 267 pages.

– Pour Olivier Lamarie (Xylem) : *De la grande stratégie*, de John Lewis Gaddis

Le thème : On ne gagne les guerres que si on s'en donne les moyens. Cela paraît évident, mais pour John Lewis Gaddis, la démonstration est plus complexe qu'il n'y paraît. Il invite à se replonger dans les conflits d'hier, de la lutte entre Xerxès et Thémistocle au Vᵉ siècle avant J.-C. à la guerre du Vietnam. Dans cet essai, il observe les combats antiques pour mettre en évidence les permanences stratégiques avec ceux des XXᵉ et XXIᵉ siècles. *« Si vous tentez de tout anticiper, vous risquez de ne rien réussir. Si vous ne vous préparez pas à tout, vous pouvez être certain que quelque chose ira de travers. »* Son raisonnement se nourrit autant de la lecture de Tolstoï ou de Shakespeare que de Machiavel, Clausewitz, Sun Tzu ou saint Augustin qui ont cherché à comprendre ce que pouvait être une grande stratégie.

L'auteur : professeur d'histoire militaire et navale à l'université de Yale, grand spécialiste de la Guerre froide.

Parution : octobre 2020, Les Belles Lettres, 360 pages.

Des philosophes inspirants :

Emmanuel Levinas et l'altérité, pour Richard Bélie (Adista) ;

Kant et le devoir, pour Pierre Boulet (Novares).

Des romans qui vous remuent :

*Mortelle transparence* de Denis Olivennes et Mathias Chichportich, pour Isabelle Xoual (Lazard) : pour découvrir comment nous sommes éventuellement prêts à renoncer à nos libertés (Albin Michel, 191 pages).

*La Carte postale* d'Anne Berest pour Eric Scotto (Akuo Energy). « Après ça, vous n'êtes plus le même. » (Grasset, parution août 2021, 512 pages)

*Farenheit 451* de Ray Bradbury, pour Isabelle Xoual (Lazard) : « Je l'ai retrouvé en piochant dans les lectures de ma fille qui prépare son bac en lycée international. C'est incroyablement actuel. »

*Guerre et Paix* de Léon Tolstoï, pour Oliver Lamarie (Xylem) : « Un roman historique qui vaut tous les livres de stratégie et management d'entreprise. »

*Le Rouge et le Noir*, de Stendhal, pour Véronique Pican, après avoir assisté à un opéra. « Par association d'idées, le spectacle m'a donné envie de redécouvrir ce roman lu à l'adolescence ».

Tous les Stéphane Zweig pour Bernard Reybier qui « se laisserait enfermer dans une bibliothèque », même si, comme il le déplore, « la Covid a asséché mon potentiel de lecture ».

## Ce qu'il faut retenir

– L'hybridation des vies professionnelle et personnelle rend indispensable la préservation d'espaces de ressourcement.

– Dans le monde incertain qui se profile, la vie professionnelle du dirigeant agrège un nouveau devoir : rassurer ses équipes. Son bon exercice passe par la communication et l'écoute, deux fonctions qui s'apprennent.

– Une bonne forme physique permet d'être plus résistant.

– Toutes les activités ludiques sont bonnes si elles permettent de se vider la tête.

– Pour mieux comprendre le monde toujours plus complexe, il faut s'ouvrir à de nouvelles disciplines intellectuelles : les rencontres, les lectures, l'adhésion à des clubs de dirigeants sont utiles pour accéder à ces connaissances.

– Certains livres ont changé la vie de dirigeants. Une sorte de bibliothèque idéale émane des interviews.

# Chapitre 6.
# Portraits de dirigeants

**– Salvatore Alaimo, président de Dimotrans Group.** Le tableau sur le mur ressemble à un Andy Warhol. C'est voulu, à la manière de l'artiste new-yorkais, la toile épouse la même technique de la sérigraphie obtenue à partir d'une photographie. En l'occurrence, cette dernière est toute personnelle : elle représente la famille du dirigeant au complet. Elle a été prise en Californie. Le père, la mère et les trois enfants posent devant le Golden Gate Bridge à San Francisco. En ce matin de mars, la lumière printanière entre dans le bureau par toutes les baies vitrées. Elle fait miroiter les dizaines de coupes, médailles et trophées rangés dans une armoire. Clairement, l'occupant des lieux est sportif. Mais quelle discipline pratique-t-il ? Il y a des photos de voitures dans le désert, des évocations de vélos, de marathons. Il les pratique tous. À 59 ans, le président de Dimotrans Group n'a jamais été aussi heureux professionnellement. Il a confié la direction générale à un collaborateur de confiance. Il peut se concentrer sur la stratégie en qualité de président. Il a le temps de réfléchir, de rencontrer des gens grâce au Medef de Lyon ou aux organisations professionnelles du métier, de s'autoriser des pas de côté. Le jour de notre entretien, il s'apprêtait à partir disputer la Transpyr, une épreuve en VTT qui consiste à traverser la chaîne des Pyrénées au rythme de 800 kilomètres en une semaine. Une façon de se ressourcer ? Le bon air ne lui manque pourtant pas. Il a installé le siège de son groupe en pleine campagne, à Pussignan, non loin de l'aéroport de Lyon. L'endroit est si préservé que même notre chauffeur de taxi semblait avoir du mal à le trouver. Loin de la fièvre quotidienne inhérente aux métiers de la logistique, tout n'était que calme et volupté. « J'aime que l'on respire la joie de vivre », confie Salvatore Alaimo, qui a fait installer des œuvres d'art contemporain dans chaque couloir. À moins de 25 ans, il avait racheté à son oncle une affaire de quatre personnes. Il en a fait un groupe qui vise désormais le milliard d'euros de chiffre d'affaires, tout en conservant l'esprit de famille des origines.

– **Jean-Jacques Alexis, P.-D.G. de Bericap France.** Sans la passion du fondateur pour les jouets en métal, l'usine Bericap n'existerait pas. À Mayence, en Allemagne, un certain monsieur Berg avait créé son entreprise pour faire de son hobby un métier. Puis, du métal au plastique, des jouets aux emballages, il n'y eut que quelques pas qui furent allègrement franchis. La prospère ETI se développa sur la planète. Longtemps, l'implantation française avait été la seule filiale en difficulté. Désormais, elle est rentable, et cela se voit dès le premier regard. L'usine, à Longvic, en Côte d'Or, est rutilante. À l'inverse, aux abords de l'usine de bouchonnage de bouteilles de boissons, des jeunes du quartier doivent être à la recherche de leur premier emploi. Mais combien savent que Bericap peut leur offrir une perspective de carrière ? Alors, le dirigeant prend son bâton de pèlerin (en l'occurrence, ce serait plutôt celui dont on se sert pour la marche nordique, car les sports alpins sont sa grande passion). Il va dans les écoles, présenter le monde du travail, de l'entreprise et de Bericap en particulier. Il a bien d'autres idées pour faire venir les adultes : organiser du covoiturage, mutualiser avec d'autres employeurs les frais de fonctionnement d'une crèche. C'est sa façon de mettre en application le concept d'entreprise étendue, mais pour cela, il aimerait être mieux entendu, des élus locaux en particulier.

– **Patrice Bélie, président d'Adista.** Il arrive parfois que le premier job soit une poursuite approfondie de ses études supérieures. Près de trente ans après, notre quinqua continue de mesurer sa chance. À la sortie de HEC, il est entré à la banque d'affaires Rothschild & Compagnie. « Je l'ai quittée pour un client, mais pour toute la vie, je suis redevable de l'école de rigueur que j'y ai reçue. » Ensuite, d'entreprises high tech en start-up liées aux télécom, il est arrivé à la présidence du groupe Adista, désormais troisième opérateur cloud et télécom en France auprès des professionnels. Son hyper croissance, ces derniers mois, a été d'autant plus visible que son secteur est « récessif », pour reprendre le mot du dirigeant. Le confinement aurait pu être synonyme de repli sur soi, il s'est traduit au contraire chez lui par un activisme dans sa croissance organique, en même temps qu'externe. C'est que la période n'a pas simplement consacré les visioconférences, elle a aussi rendu possibles les rachats de sociétés à distance par signature électronique. Plus jeune, Patrice Bélie pratiquait l'athlétisme à un haut niveau. Il était dans son élément, aussi bien dans les courses de vitesse que les marathons. À la cinquantaine, les genoux ont commencé à se plaindre, mais le souffle est resté. Il lui est bien utile en ces temps incertains. Mais ce qui l'aide le plus désormais, outre la pratique de l'escalade, c'est l'enseignement qu'il a tiré du livre de Simon Sinek *The Infinite Game* (Le Jeu infini), un jeu qui, malgré la distance infinie, inspire l'envie d'accélérer parfois…

**– Philippe Bénacin, P.-D.G. d'Interparfums.** À sa sortie de l'ESSEC en 1982, quand il décide de créer son entreprise, le jeune homme ne nage pas dans le sens du courant dominant. À l'époque, la gauche unie est aux affaires. Quatre ministres communistes figurent au gouvernement. Le parti socialiste à son apogée plastronne rue de Solférino. Quarante ans plus tard, le PS à la présidentielle n'obtient guère plus de voix que le PCF, et Philippe Bénacin a racheté l'ancien siège de la rue de Solférino pour y installer celui de sa société Interparfums. De la rose du parti aux fragrances fleuries des cosmétiques, l'inversion des rôles résume à elle seule près d'un demi-siècle de l'histoire de notre pays.

L'ancien étudiant féru de sociologie et d'histoire y songera. Lui qui figure désormais dans les premières fortunes établies chaque année par le magazine *Challenges*, il a gardé la passion d'apprendre et de se cultiver. Il a toujours dix livres d'avance, mais rarement des romans, car « je ne retiens pas les noms des personnages », avoue-t-il en souriant. En revanche, les essais, il les dévore. La rencontre avait eu lieu un dimanche soir dans le quartier intello de Saint-Germain-des-Prés. Il venait de finir le dernier Onfray, et *Le Traître et le Néant* de Davet et Lhomme. Parce qu'il avait aimé avant cela le livre d'entretiens que les auteurs avaient eus avec François Hollande, *Un président ne devrait pas dire ça.* Ce n'est pas sa lecture qui lui a donné l'envie d'acheter l'hôtel particulier du VII$^{e}$ arrondissement, mais un projet mûri de longue date, de créer un lieu de travail où la beauté serait mise en majesté afin d'inspirer la créativité. Mais encore faudrait-il pour cela que les collaborateurs veuillent bien venir au siège ! Or, le télétravail a émoussé le frottement des idées dans les couloirs. « C'est dommage », soupire le dirigeant qui a passé chaque jour du confinement à son bureau.

**– Pierre Boulet, directeur général de Novares Group.** « Mes soucis professionnels s'arrêtent au portail de la maison », prévient ce père de famille de quatre enfants. Mais chez ce grand équipementier automobile, les « soucis », comme il dit, prennent parfois des proportions hors norme. Au sport du bras de fer, les partenaires ne sont pas des amateurs, entre les constructeurs d'un côté, les fournisseurs de l'industrie chimique et des semi-conducteurs de l'autre. Qu'à cela ne tienne, il est désormais bien entraîné. Il n'a pas hésité à mettre la holding du groupe Novares en redressement judiciaire, pendant la crise Covid en 2020, pour obtenir un accord entre les parties prenantes en vingt-neuf jours, et ainsi maintenir l'ensemble des livraisons aux clients du groupe.

Voilà donc le genre de « soucis » que le dirigeant laisse en passant son portail. Dans la quiétude de son havre, il peut alors se livrer à l'étude de la philosophie. Il la pratique au moins une fois par semaine, et sa prédilection va plutôt à Kant et son sens du devoir, même si Bergson et son éloge du rire ne doivent pas lui être totalement étrangers. Pendant dix ans, il a été président du comité des fêtes de son petit village. Il en a aussi été un conseiller municipal.

Cependant, le temps passe vite quand chaque début d'année commence par le même rituel : organiser le planning des visites des quarante-cinq usines du groupe dans le monde. Alors, il faut savoir le rendre élastique, pour trouver encore le temps de loger des week-ends avec les anciens de son école, rendre visite à sa fille étudiante aux États-Unis, s'occuper de son patrimoine immobilier.

**– Bruno Bouygues, P.-D.G. de GYS.** « Bienvenue à la silicone-laval-ley ! » La préfecture de la Mayenne semble si assoupie en ce vendredi matin que l'embouteillage à la sortie de la gare paraît encore plus incongru. Au volant de sa Peugeot 5008, le P.-D.G. de GYS profite de cet arrêt obligé pour nous détromper. La ville cache bien son jeu. Elle attire des jeunes, de toutes cultures, et de très hauts niveaux de diplômes. Elle est ouverte sur le monde, comme en atteste la visite de GYS II, la plateforme logistique énorme et pourtant déjà saturée, dix-huit mois après son inauguration. Elle exporte vers 132 pays. Plus tard, dans l'usine historique, une jeune femme de la région bataille ferme en anglais auprès d'un fournisseur américain de semi-conducteurs, qui peine à honorer ses engagements. Plus loin, un jeune homme réceptionne une machine directement arrivée du Japon. Elle imprimera en grande série des circuits intégrés. L'opérateur sera l'une des quatre personnes au monde à maîtriser un tel outil. Voici encore quelques années, le niveau de recrutement était bac +2 pour cette société leader en son domaine des appareillages de soudure. Il est plus proche désormais des doctorants. Un brevet de protection d'une innovation est déposé chaque semaine.

Bruno Bouygues sait d'où il vient. Son grand-père se prénommait Francis, et son oncle est Martin. Il a pu faire de belles études, à l'école supérieure de travaux publics, évidemment, mais aussi au MIT, et à l'Insead de Singapour. De son père, il tient en héritage un solide bagage de connaissances en électronique. La filiation lui donne des charges plus que des privilèges. Les avantages financiers, il connaît ça par cœur, et à 49 ans, ce n'est pas son moteur. En revanche, consacrer son temps libre à honorer, auprès d'amis ou de collaborateurs, des promesses non tenues en leur temps, ça, oui, ça le motive. De même que de passer du temps avec sa femme coréenne et sa fille de 11 ans. Et puis, il a sa passion privée : il se perfectionne en ligne aux échecs avec un maître ukrainien.

**– Leslie Bréau-Meniger, présidente de Superga Beauty.** L'entretien s'est déroulé dans les locaux de Valtus. Quelques semaines auparavant, les bureaux parisiens de la société de Leslie, dans le quartier de l'Opéra, avaient été dévastés par un incendie. L'expertise technique venait d'informer les occupants locataires que l'immeuble ne pourrait pas être réintégré avant longtemps.

Il lui faudra donc trouver un nouveau toit dans la capitale : une tâche supplémentaire pour sa *to do list*, mais pas forcément un motif de stress pour elle qui accueille les événements avec philosophie.

Diplômée en pharmacie et d'un MBA à l'ESSEC, elle a commencé sa vie professionnelle en passant quinze ans dans de grands groupes, notamment chez L'Oréal. Puis, elle a rejoint son père qui a fondé cette belle ETI de sous-traitance cosmétique. Elle a fait ses gammes à la direction générale avant de prendre dernièrement la présidence. Victime indirecte du coronavirus à Shangaï, du fait de la désorganisation de la *supply chain* et de ses conséquences, elle n'en a pas moins monté à distance une filiale en Chine.

Anxieuse ? Non. Elle lui préfère une saine inquiétude. L'anxiété serait même à ses yeux une faute professionnelle de dirigeant que de l'être, et surtout, de transmettre son anxiété aux équipes. Mais il demeure quand même un sujet sur lequel elle peut perdre sa sérénité : s'il advient quelque chose à sa famille et principalement, à ses enfants, elle ne peut pas préjuger de sa réaction.

**– Olivier Campenon, président du directoire de Lefebvre Sarrut.** Au début des années 1970, aux alentours de Saint-Pol-de-Léon, dans le Finistère Nord en Bretagne, une entreprise parisienne réalisait tous les travaux d'infrastructure qui allaient sortir cette région rurale de son enclavement : un pont, une jetée, un port en eau profonde, un port de plaisance. Chaque fois, les ouvrages d'art étaient signés Campenon-Bernard. Dans le même temps, une famille parisienne venait s'installer dans la petite commune voisine de Roscoff, berceau de la thalassothérapie. En pointe dans de nombreuses activités médicales, elle accueillait sur son territoire plusieurs cliniques réputées, dont l'une venait de recruter un ancien médecin militaire, un certain docteur Campenon. Pas de coïncidence, pour l'entrepreneur, il s'agissait du grand-oncle, et pour le médecin, du père d'Olivier. Celui-ci a donc grandi dans l'authenticité simple des gens de mer, la rigueur des maîtres d'œuvre, l'engagement des militaires et le sérieux des léonards. S'il ne renie aucune de ces valeurs, il se reconnaît quand même un contrepoids indispensable à son équilibre : son épouse, « étrangère au monde des affaires », selon ses mots. « Elle me déstresse », poursuit-il. Il est vrai que la présence féminine est pour lui d'un enrichissement indispensable. Il se le confirme chaque fois qu'il siège au bureau du Professional Women Network. Il est un des rares hommes de la planète à y avoir été admis. La sensibilité artistique de son épouse et son intérêt pour les sciences humaines constituent son principal ressourcement. Mais la Bretagne est aussi une précieuse alliée, même s'il a commis des infidélités à la baie de Morlaix pour lui préférer le granit rose et parfois rougeoyant des Côtes-d'Armor. Lors d'un de ses séjours professionnels aux États-Unis, il avait appris la méthode *color disc*, qui consiste à définir le caractère des gens en fonction de la couleur qui ressort majoritairement à l'issue d'une batterie de questions. Quand le rouge sort, c'est que l'on est plutôt extraverti et conducteur. C'est plutôt bienvenu pour être un leader.

**– Bernard Canetti, président de Xynergy.** « Jacques Canetti n'est pas mon père ! » coupe le dirigeant, amusé, laissant un temps son interlocuteur sans voix. Aurait-il commis une erreur d'homonymie ? Pourtant, le piano dans le hall d'entrée du siège suggère un atavisme artistique certain. « Non, je suis *le fils* de Jacques Canetti. » Le fondateur de la méthode rééquilibrage alimentaire Comme J'aime tient à montrer ainsi tout ce qu'il doit à ses ascendants. À commencer par son père, le directeur artistique de

Polydor, le découvreur de Brassens, Brel, Béart, Gainsbourg, Piaf, Trénet, Reggiani, Michel Legrand, Raymond Devos et de tant d'autres. Élevé dans un univers artistique dans lequel intuitions, émotions, relations font loi, le fils travaille son point fort, la logique, la rationalité, les mathématiques. Sa mère a compris qu'il forçait inutilement sa nature et étouffait sa partie créative. En se structurant à l'excès, il allait se rigidifier, grandir à l'encontre de personnalité profonde. « Intéresse-toi à quelque chose à l'opposé des sciences exactes », lui conseilla-t-elle. Le jeune Bernard se lance alors dans l'astrologie (le thème astral, l'horoscope !), « une excellente méthode pour approcher les filles », reconnaît-il, plus de cinquante ans plus tard. Se doutait-il alors du parcours d'entrepreneur qu'il allait accomplir ? Les éditions Atlas, c'est lui, l'encyclopédie Cousteau itou.

Et maintenant Comme J'aime, partie de rien, et forte, dix ans après, de mille salariés. « Avec ton nom, tu ne peux pas faire autrement que de prendre des responsabilités au sein du mouvement des ETI », lui a dit récemment un de ses amis. Il a obtempéré. Si d'aventure il avait eu besoin de faire campagne autour d'un slogan, ce dernier aurait été tout trouvé. Directement emprunté à Barak Obama, il sonnerait ainsi : *Yes, we can ETI !*

**– Benoît Clinchamps, président de MicroPort CRM.** « *We save lives* » (nous sauvons des vies). Toutes les entreprises ne peuvent pas revendiquer une telle devise, qu'on croirait tout droit sortie d'une caserne de pompiers. Mais comment le dire autrement ? CRM est l'acronyme de *Cardiologic Rythm Management.* La société est née des formidables progrès apparus au milieu des années 1960. Elle est le cinquième fabricant mondial de pacemakers et de défibrillateurs. Quand, dans d'autres entreprises, des salariés ont du mal à trouver du sens à ce qu'ils font, ce danger est ici écarté. Tous les collaborateurs participent à une chaîne d'allongement de l'existence, d'amélioration de la vie quotidienne des malades, et en plus, ils font en sorte que les progrès technologiques les plus pointus soient accessibles au plus grand nombre. Pourtant, en 2020, l'urgence a failli être de sauver l'entreprise elle-même. Les hôpitaux sont ses donneurs d'ordres. Or, un nombre incalculable d'annulations d'opérations a dû y être décidé, parce que les équipes étaient entièrement dédiées au soin des malades contaminés par le coronavirus. Benoît Clinchamps a tenu la barre, tous les jours au bureau, en compagnie des équipes de production, mais aussi des commerciaux qui ont continué à être physiquement présents sur les lieux de soin. La mort n'était pourtant jamais loin. Mais quand on a des valeurs, on les assume. Ces gestes de soutien ont été appréciés à l'époque, ils portent actuellement leurs fruits, par des marchés gagnés. Et puis, il n'était pas question de mettre en danger la sécurité des collaborateurs.

Cette valeur est trop présente chez le dirigeant qui a d'abord passé neuf ans dans l'industrie aéronautique, où la vie des passagers ne peut pas être considérée comme un sujet mineur. Il a aussi travaillé six ans chez GE Healthcare. Dans ce conglomérat, mère patrie des *green* et *black belts* (certificats de compétence dans l'excellence des process), il a non seulement obtenu sa ceinture noire, mais il a été champion du concours des six sygma, autre procédure maison longtemps adulée dans le monde.

S'il advenait que pour obtenir un contrat, il lui faille faire une entorse à cette règle d'or de sauver des vies, il préférerait y renoncer.

**– Cathy Collart Geiger, P.-D.G. de Picard Surgelés.** « Celle-là, elle est trop carrelage. » Voilà le genre d'amabilités que l'une des P.-D.G. de notre panel a entendues au début de sa carrière. Ses détracteurs entendaient par là qu'clle écoutait trop les clients et les consommateurs. Ironique de voir dans cette faculté un défaut, quand elle se révèle désormais indispensable au contraire, pour bien tenir la barre des entreprises avec des équipes stressées, apeurées, fatiguées. Mais la remarque désobligeante cachait un autre défaut fatal aux yeux de ses détracteurs : elle venait du terrain. Elle ne pourrait donc pas s'élever puisqu'elle n'avait pas fréquenté les prestigieux campus. Effectivement, à 23 ans, cette fille du Nord était cheffe de rayon dans un hypermarché. Une fois cela fait, elle a voulu diriger des équipes en Chine. Là encore, mission accomplie. Devenir P.-D.G. devenait un projet accessible. Elle y est parvenue, non sans sarcasmes une fois encore. Sa coiffure, sa tenue vestimentaire, tout y est passé, puisqu'il était difficile de l'attaquer sur ses compétences. Mais le sourire de Cathy est son arme fatale et sa plus grande armée est composée de son mari et de son fils. Les deux l'ont toujours soutenue dans ses projets professionnels. Certes, chacun des trois a consenti des sacrifices. Actuellement, par exemple, les deux hommes restent à Lille pendant que Cathy travaille la semaine au siège de Picard, à Issy-les-Moulineaux. Mais savoir faire le décompte des avantages et des inconvénients est la clé d'une belle et bonne vie réussie.

**– Valérie Decamp, directrice générale de Mediatransports.** Dans son bureau, une plaque en émail semble avoir été descellée de la station du métro parisien Duroc. Mais il ne peut pas s'agir d'un vol, puisque le nom est orthographié Durock. C'est le souvenir d'une opération clin d'œil organisée à l'occasion d'une Fête de la Musique à Paris. Les gares et les stations de métro constituent le terrain de jeu de Mediatransports, filiale de Publicis, spécialisée dans la gestion des espaces publicitaires. Les colleurs d'affiches forment le corps de métier historique, mais ils sont rejoints désormais par des ingénieurs qui conçoivent des panneaux numériques. Ces lieux ne sont pas figés. En perpétuel mouvement, ils peuvent devenir le cadre d'événements marquants. Régulièrement, des stations sont entièrement redécorées à l'occasion de la sortie d'un film ou du lancement d'un parfum. Les couloirs et les murs deviennent un medium en quelque sorte. Il est vrai que ce secteur n'est pas étranger à la dirigeante. Elle a été directrice de la stratégie pour le groupe radio NRJ en France, a lancé avec succès le quotidien gratuit *Metro* et repris avec Alain Weill en 2007 le quotidien économique *La Tribune*. La période Covid a été particulièrement éprouvante, car la publicité avait disparu des couloirs faute de voyageurs autorisés. Il a fallu tenir les équipes dans un contexte totalement inédit et dont nul ne connaissait l'issue. Simultanément dans ce contexte sans avenir lisible, elle a eu à renégocier les deux plus gros appels d'offres de la décennie lancés par la RATP et SNCF Gares & Connexions pour une durée de… dix ans ! Elle a réussi l'exploit de la double victoire grâce à une stratégie de croissance responsable basée sur une forte diminution des émissions de $CO^2$ à horizon 2030. Dans son secteur, elle le reconnaît bien volontiers, l'enjeu est grand de donner du sens. Elle y parvient en mettant au cœur de sa stratégie le développement durable de toutes les activités.

**– Otto Drakenberg, ancien P.-D.G. de Scandi Standard.** Si, dans notre panel, il y a un professionnel du management de transition, et même du leadership de la transformation, c'est bien cet ancien sélectionné olympique suédois, en escrime, aux jeux de 1988 à Séoul. Il avait 22 ans à l'époque. Depuis, il a fait ses preuves dans d'autres disciplines sportives, la course au large notamment. Mais surtout, dans le domaine de l'entreprise, il a excellé en tant que directeur général par intérim dans des entreprises de la grande consommation, des services aux consommateurs et de la distribution. Son expérience est devenue si recherchée qu'au moment de l'interview, il s'exprimait en tant que P.-D.G. par intérim de Scandi Standard, leader scandinave de la volaille en Suède, au Danemark et en Irlande. Il a pour mission de rétablir l'affaire, comme il l'avait déjà fait par le passé au plus haut niveau, chez Selecta, Swegro et Twilfit. Sa vie très remplie ne l'empêche pas d'avoir aussi des activités philanthropiques, de suivre ses anciennes activités sportives au niveau de leurs fédérations. Son entraînement d'athlète de haut niveau lui sert encore à 56 ans et lui permet de répéter son mantra : « Ménagez votre énergie, pas votre temps. Faites le nécessaire pour maintenir votre énergie. Gardez la manette des gaz à la vitesse de croisière, en règle générale, de sorte qu'il y ait toute la puissance en réserve quand le besoin s'en fera sentir. Et prenez soin de vous 24 heures sur 24 et 7 jours sur 7 afin de pouvoir aller à plein régime en cas de besoin, même pendant de longues périodes. »

**– Guillaume Fournier Favre, directeur général de Kone France.** En jean mode bricolage, et pull en laine, notre hôte descend quatre à quatre les escaliers pour nous recevoir. On peut occuper de hautes fonctions à la Fédération nationale des ascensoristes, diriger la filiale française du numéro deux du secteur, et se montrer adepte de l'exercice. Il précise rapidement : « Nous avons une culture d'ingénieurs », comme pour s'excuser de la simplicité de sa mise. En fait, comme dans bien d'autres entreprises visitées, il y a là un reliquat de Covid. Le confinement a imposé une tenue de terrain. Le *friday wear* s'est étendu à tous les jours de la semaine. Puisque toutes les activités de représentation étaient ramenées à zéro, place à l'authenticité, à l'efficacité.

Pour se rendre à la machine à café, le jeune quinqua semble monté sur un coussin d'air. En chemin, tout en saluant des collègues, passant une tête dans un bureau, il explique : « Nous sommes une entreprise finlandaise, de culture familiale. *Kone* en finnois signifie machine. » Le tournant de la spécialisation dans les ascenseurs a été pris dans les années 1990. La société s'est hissée à la deuxième place mondiale. Mais sa raison d'être est plus large. Elle s'est donné la mission d'assurer, pour son prochain, la mobilité, en particulier dans des villes mondes et les États-cités. Cela supposera souvent de réparer les erreurs du passé. Cela n'est pas pour déplaire à Guillaume Fournier Favre en sa qualité d'homme et de citoyen de la planète. Il résume ainsi sa philosophie : « Nous ne sommes que de passage. Nous devons faire en sorte que notre passage apaise et non enflamme. »

**– Glaura Grandi-Kartalian, P.-D.G. de Primagaz.** Chaque matin, quand elle entre dans la tour de La Défense où elle a ses bureaux, la dirigeante a un mot chaleureux pour les hôtesses d'accueil. Elle connaît bien leur métier pour l'avoir pratiqué. « À 16 ans, j'étais standardiste », mais déjà, à 12 ans, elle organisait des goûters d'anniversaire pour rapporter de l'argent à la maison. Cela se passait au Brésil. Ses aïeux arméniens avaient fui le génocide en embarquant à fond de cale d'un paquebot qui assurait la liaison avec l'Argentine. À la faveur d'une escale au Brésil, le grand-père est descendu sur le quai. L'absence de minarets à l'horizon l'a rassuré. Il a installé sa famille. Malheureusement, pour le père de

Glaura, les traumatismes étaient trop nombreux. Il n'a pas pu pourvoir aux besoins de sa famille. La fillette a renoncé à l'enfance. La suite de sa vie est une série de résiliences, jusqu'à ce poste de P.-D.G. en France, le premier de sa carrière, inauguré en plein confinement. Dès qu'elle a pu prendre possession des lieux, elle a foncé aux archives de Primagaz pour décorer son bureau. Elle a trouvé des publicités réalisées en leur temps par Piem, le dessinateur du *Figaro* rendu célèbre dans toute la France par sa participation hebdomadaire à l'émission culte des années 1975 : « Le petit rapporteur ». En ce temps-là, toute la France se retrouvait autour de ce rendez-vous dominical : Paris et les territoires ; la gauche, la droite ; les jeunes, les vieux. Pour sa part, Glaura veut apporter sa contribution à l'œuvre de réconciliation de la France morcelée : elle veut incarner le gaz des champs.

**– Steve Griffiths, directeur général de l'aéroport de Standsted.** Il arrivait de la direction générale du métro de Londres, dont tant de Français envient la propreté. Il a pris les fonctions de directeur opérationnel de l'aéroport privé de Standsted au moment précis où la pandémie s'étendait à l'échelle de la planète. Pour une entreprise dont le cœur de la mission est d'assurer la possibilité d'aller et venir à un maximum d'individus sur la planète, le confinement et la paralysie au sol des avions étaient une blessure. Il fallait redonner le moral au personnel, le rassurer aussi sur sa sécurité, en même temps que sur la pérennité de l'entreprise, puisque celle-ci est privée. Steve Griffiths y est si bien parvenu que le voici désormais directeur général. Comme nombre de ses aînés qui ont survécu aux bombardements durant la Seconde Guerre mondiale, lui aussi aura connu sa *blitzkrieg*. De cette période folle, il a gardé cette expression qui résume tout son leadership : « Avoir les pieds dans la mauvaise herbe et les yeux fixés dans le ciel bleu. » C'est sa façon de dire qu'il a un devoir d'optimisme vis-à-vis de ses deux mille salariés, répartis dans toutes sortes de corps de métiers. Avec le recul, il sait ce qu'il leur doit : « Après près de deux ans à Londres Stansted, j'ai pu constater l'incroyable dévouement de nos équipes. Jamais ce travail acharné et cet engagement n'ont été aussi importants qu'au cours des derniers mois. L'accent mis sur l'ensemble des gestes pour rendre l'aéroport aussi sûr que possible pour nos passagers est ce qui fait de Stansted un lieu de travail si spécial. Il y aura d'autres défis à relever, mais je suis ravi de diriger nos équipes dévouées alors que nous nous tournons vers l'avenir. »

**– Céline Gris, P.-D.G. de Gris Group.** Fille de et fière de l'être. Son père, Francis, avait fondé en 1984 cette belle entreprise de fabrication de rondelles techniques et de composants mécaniques. Née quelques années plus tôt, en 1978, Céline a grandi dans cette ambiance de créateurs, avec les hauts dont on se souvient, et les bas que l'on s'empresse d'oublier. Tout de suite, elle a su qu'elle aussi entreprendrait. Diplômée de l'école des attachés de presse de Paris (EFAP), elle s'est préparée à cette vie, en accumulant les formations pour être sûre d'être prête, le jour où. Elle a obtenu un MBA Dirigeant de PME à l'Institut français de gestion de Strasbourg. Elle s'est intégrée à une variété de réseaux (Germe, Rotary). Elle a aussi intégré la toute première promotion de l'Accélérateur PME de Bpifrance en 2015.

Pendant deux ans, elle a étudié les enjeux stratégiques de son entreprise. Aussitôt après, elle a insufflé plusieurs programmes de formation aux salariés, en *lean management*, *lean manufacturing* et *supply chain*. Et puis, « le jour où » est arrivé. Le lundi 1er avril 2019, elle a pris officiellement les rênes de présidente. Depuis 2012, elle était directrice générale. Son secteur d'activité n'est pas de tout repos. Il est indicé sur l'état de santé des constructeurs automobiles. En outre, son implantation à proximité du Luxembourg n'est pas la plus facile à vendre pour attirer les talents. Tout cela, elle le sait. Mais l'enthousiasme est intact. Quand on a la vocation…

**– Paul Gustavsson, directeur général de Nordkalk.** Des sièges auto pour bébés aux mines de calcaire, encore un bel itinéraire de dirigeant de transition. À 56 ans, Paul accumule plusieurs belles expériences de leadership européen. Avant son poste actuel, il était P.-D.G. du groupe anglais Britax, premier fabricant mondial de sièges auto pour enfants. Avant cela, il avait travaillé pour Volvo Cars pendant plus de quinze ans à divers postes de direction. Paul a débuté sa carrière en tant que consultant en stratégie pour Arthur D. Little. Paul est titulaire d'un M. Sc. en génie industriel et en gestion de l'Université de technologie Chalmers en Suède, et il est citoyen suédois. Quant à Nordkalk, elle est leader sur les produits et solutions à base de calcaire en Europe du Nord. Elle livre à de nombreuses industries comme celle de la pâte à papier, des métaux, des mines, de la construction et des produits chimiques. Ses solutions contribuent également à la propreté de l'air et de l'eau ainsi qu'à la productivité des terres agricoles.

**– Thierry Herbreteau, directeur général de Peters Surgical.** Le déménagement de l'entreprise était programmé avant le premier confinement. Les plans ont été revus pendant, afin qu'à leur retour, les salariés aient envie de se poser, de s'adonner à des travaux sur le mode convivial. De sorte que la première impression du visiteur, au nouveau siège de Peters Surgical, à Boulogne-Billancourt, est de se trouver dans un appartement. Le bureau du président annonce la couleur sur la passion de celui-ci. Clairement, c'est le tennis, après sa famille, bien évidemment. Il y a sans doute une prédisposition, quand on est un professionnel du matériel chirurgical, à être dans le *care*. Cette notion anglo-saxonne est certes en vogue, mais elle n'est pas qu'un effet de mode. Elle traduit une tendance profonde, une réalité désormais prégnante chez le dirigeant, qui est sa responsabilité de protéger ses collaborateurs et de les rassurer. Convaincu de ce nouveau rôle, le directeur général de Peters Surgical a été particulièrement sensible aux efforts déployés par les stagiaires et les alternants. Pendant les mois d'épreuve du confinement, ils ont dû rester enfermés chez eux. Malgré tout, ils se sont donnés sans compter pour l'entreprise. En 2021, quand il a été possible de procéder à des recrutements, treize d'entre eux ont pu signer un CDI. Quand on place le respect en tête de ses valeurs de leadership, l'écoute des autres et de leurs besoins est un exercice naturel.

**– Johan Hugues, directeur général de Blachere Illumination.** La ville d'Apt, dans le Vaucluse, est l'ambassadrice des illuminations de fin d'année à l'échelle de la planète. Son statut remonte à 1973, année de la fondation d'une entreprise unique en son genre. Elle est née de l'idée d'un enfant du pays, Jean-Paul Blachère. Celui-ci s'est avisé de produire pour les municipalités leurs illuminations de fin d'année. Comme rien n'est plus probant qu'une démonstration *in situ*, il a commencé à faire, chaque année, de sa ville le plus beau showroom qui soit. Si bien que les habitants sont les premiers bénéficiaires des nouveautés qui, plus tard, égaieront les artères de New York ou de Dubaï. L'entreprise a commencé sa carrière au plus mauvais moment, pendant le premier choc pétrolier. Ce fut sa chance. D'emblée, elle a intégré la nécessité d'être économe en énergie. L'innovation en ce domaine est devenue sa seconde nature. Si nous sommes tous désormais consommateurs d'ampoules à led, Blachere Illumination n'y est pas étrangère, car c'est elle qui les a utilisées pour la première fois.

L'autre élément fondamental de son ADN est la créativité artistique. C'est d'ailleurs à ce titre que Johan Hugues était entré dans la société, en plus du lien de parenté qui l'unit au fondateur. En famille, avec la fille de Jean-Paul Blachère et son gendre, les trois ont repris le flambeau. Finalement, le dessinateur artiste est devenu co-directeur général avec son cousin, tous deux passionnés par leur métier, tandis que sa cousine s'occupe du développement de la fondation familiale. Dédiée à l'art contemporain africain, elle étend ses œuvres spectaculaires sur un vaste terrain en France et à l'étranger. Elle est devenue l'autre spécialité d'Apt.

**– Sébastien Huron, directeur général de Virbac.** Pierre-Richard Dick, le fondateur du laboratoire pharmaceutique de produits vétérinaires, possédait une intuition hors du commun. C'est ce qui lui permit de transformer le modeste laboratoire installé dans un trois-pièces à Nice en un leader mondial de son secteur : Virbac, un nom qui reprend le radical des deux disciplines dans lesquelles l'entreprise a souhaité d'emblée se spécialiser (virologie et bactériologie).

Chercheur novateur, travailleur infatigable, meneur d'hommes hors pair… le docteur Dick a très tôt regardé vers l'international. Convaincu que l'avenir se jouait hors de l'Hexagone, il n'a de cesse d'inciter ses collaborateurs à exprimer leurs talents par-delà les frontières en les aidant à ouvrir des filiales Virbac un peu partout dans le monde, chacune appuyée sur un ou plusieurs centres de recherche et de production.

On devine aisément l'une des principales préoccupations de l'actuel directeur général : consolider le développement international et fédérer des hommes et des femmes d'horizons divers qui se sont pleinement investis dans l'aventure ! Le tout sans jamais trahir l'esprit d'entrepreneur constamment encouragé auprès de l'ensemble des équipes.

L'autre héritage moral du fondateur réside dans la place dédiée à la biologie chez Virbac. Formé à l'Institut Pasteur, le docteur Dick a eu le génie d'inoculer son savoir-faire dans ce domaine en concevant notamment quatre grands vaccins avant la concurrence. L'omniprésence de cette discipline dans l'entreprise joue sur la personnalité de cette dernière : foi dans le temps long, inspirée des cycles darwiniens de l'évolution, conscience aiguë de la finitude de nos ressources terrestres et devoir de ne pas gaspiller ces dernières. Tout cela inspire un maître-mot à Sébastien Huron : l'humilité, qui n'est pas antinomique à ses yeux avec ambition.

**– Johan Lagercrantz, P.-D.G. de Mathem.** Le nom évoque les mathématiques. De fait, l'histoire a quelque chose à voir avec les chiffres. Mais avant tout, c'est la marque du premier magasin alimentaire en ligne de Suède. Celui-ci vend et livre des produits d'épicerie, mais aussi des articles de cuisine, des meubles et des médicaments sur ordonnance. L'année 2019 a été mouvementée pour Mathem. Le fonds d'investissement Kinnevik est intervenu en tant que partenaire en février et les fondateurs Tomas et Karolin Kull ont choisi en mai de quitter leurs fonctions opérationnelles. Depuis lors, le président du conseil d'administration, Andreas Bernström, les a remplacés, en attendant la désignation du nouveau

P.-D.G. Au mois de décembre, ce fut chose faite : Johan Lagercrantz a été nommé à ce poste. Il dirigeait jusque-là le groupe d'intérim Randstad Sweden Group AB. À ce titre, il avait effectué plusieurs missions pour Mathem. Auparavant, il avait aussi présidé plusieurs sociétés (Proffice Industrial and Logistics, Komet). Il avait également occupé plusieurs postes de vente et de marketing dans les télécommunications. Mathem l'a inspiré à plusieurs titres. De fait, l'enseigne avait un problème avec les chiffres, ce qui constitue toujours un beau défi pour un manager de transformation. Mais surtout, la diététique et le manger sain passionnent à titre personnel le dirigeant. Il n'exagérait donc pas lors de sa première intervention en public, quand il a déclaré : « Je ne peux pas imaginer une entreprise plus excitante avec laquelle travailler. Je lui vois un énorme potentiel de développement. » L'année 2020 aura effectivement consacré le modèle de la livraison en ligne.

**– Olivier Lamarie, P.-D.G. Xylem France et BeLux.** Les locaux du siège à Nanterre n'étaient pas très fréquentés le jour de notre visite. Normal. Il restait encore des traces de confinement. Ajoutez le télétravail généralisé très tôt dans l'entreprise. Du coup, les mètres carrés libres inspirent des idées au P.-D.G., d'y installer une salle de sports pour les collaborateurs, par exemple. L'autre explication tient à la nature même du métier des collaborateurs. À l'échelle du monde, ils sont 17 000 à travailler pour cette entreprise américaine, leader mondial des solutions liées à l'eau. Leur cadre de travail est donc le terrain. Et même plus particulièrement lorsque surviennent des catastrophes liées à l'eau (inondations, glissements de terrain). La société ne compte pas moins de vingt-huit interventions de ce type. Elle a aussi pour spécialité d'inventer des solutions novatrices quand apparaissent les défis les plus critiques de pouvoir accéder à cette précieuse source de vie. À l'échelle de la planète, près de cinq millions de personnes peuvent accéder à l'eau potable à partir de technologies maison. Plus de 3,9 millions de personnes sont éduquées à l'hygiène et à la valeur de l'eau. C'est pourquoi Xylem propose d'associer à ses technologies avancées une expertise en matière d'applications et des solutions intelligentes et durables pour l'agriculture, l'aquaculture, la construction, les énergies, l'environnement, l'agroalimentaire… « L'eau n'est pas une matière indéfiniment renouvelable », rappelle inlassablement Olivier Lamarie. S'il pouvait être mieux entendu par ses concitoyens en France !

– **Gaëlle Launay et Vincent Bagès, directeurs généraux de Rians.** Sur la voie goudronnée qui mène de la barrière d'entrée jusqu'aux locaux de réunion, Vincent Bagès s'arrête pour préciser : « Vous voyez sur quoi nous marchons ? Avant, c'était une route du village. Et la maison que vous voyez au fond, à gauche des bureaux, c'est la ferme historique de la famille Triballat qui fonda l'entreprise en 1901. » L'imbrication de l'entreprise et du village se traduit jusque dans le choix de la marque commerciale : Rians, comme la localité de mille habitants dans le Cher. Sa place de numéro un en France de la faisselle, de la panna cotta, de la crème brûlée, du fromage de chèvre et du crottin de Chavignol a conféré une notoriété nationale au village. Mais si son ancrage est fermement local, la laiterie Rians n'en a pas moins les yeux fixés sur un horizon qui porte loin. Elle a deux filiales à l'international, l'une en Espagne, l'autre en Californie. Rien de tel, selon Gaëlle Launay, pour capter les signaux faibles envoyés par la société civile, et les attentes des consommateurs. Si elle est amenée aujourd'hui à prendre en compte les demandes spécifiques de la population de San Francisco, elle sait très bien que la même problématique sera formulée demain, ou dans deux ans, à Rians, dans l'entreprise comme dans le village du même nom.

– **Yves Lederer, président du groupe Coriance**. Quand il a trop tiré sur son corps et sur ses neurones, le dirigeant file à La Baule et une promenade au bord de la mer est souveraine pour le remettre d'aplomb. Le modèle économique de l'entreprise qu'il a contribué à créer en 2000 n'a pourtant jamais été aussi pertinent. Il ne devrait donc rencontrer que des motifs de satisfaction. La société qu'il dirige accompagne les collectivités et les industries dans la création, la construction et l'exploitation de réseaux de chaleur et de froid urbains depuis plus de vingt ans. Elle présente à ses clients le mix énergétique le plus vert des acteurs du secteur. Chaque année, la part des énergies renouvelables et de récupération dans le mix général est augmentée. Mais les relations de travail sont devenues plus dures. Les élus sont soumis à des pressions, voire à des violences de la part de leurs administrés. Ils reportent parfois leur stress sur leurs interlocuteurs en affaires, comme Yves Lederer. Ce dernier doit aussi composer avec les inévitables comités de riverains qui déposent souvent des recours lorsqu'un projet d'équipement est évoqué. Il n'empêche, lutter contre le réchauffement climatique a du sens. Tous les industriels ne peuvent pas se vanter d'en faire le cœur de leur activité. Il y a aussi la dimension sociale. « Nous luttons contre la précarité énergétique, en permettant aux habitants de profiter d'une chaleur verte tout en bénéficiant d'une tarification compétitive et stable dans la durée, car celle-ci est quasi décorrélée des prix fluctuants des énergies fossiles. » Forte de ces bons principes, la société a réalisé un chiffre d'affaires de 325 millions d'euros en 2021. À l'ombre de géants dans le secteur du chauffage urbain, l'ETI a réussi à se faire une place au soleil.

– **Jacques Marcel, président du directoire de GCC.** La fenêtre de son bureau s'ouvre sur tout le Nord de Paris. La perspective englobe le Sacré-Cœur et le nouveau palais de Justice. Il voit aussi le périph et les villes comme Clichy ou Levallois, qui deviennent chaque jour un peu plus de nouveaux arrondissements de la capitale. Tout ce qu'il voit lui rappelle alors le sens de sa mission. Quand on préside un groupe de BTP, c'est d'aider à fournir un toit pour chacun, c'est de permettre aux uns et aux autres de bien vivre ensemble. Mais il y a aussi la manière de remplir sa mission, surtout dans une entreprise de 2 500 salariés qui appartient en majorité à ses cadres dirigeants. Il faut des valeurs. Elles sont peintes sur les murs des couloirs, comme autant d'éléments de décor, dans des calligraphies différentes, et dans des caractères suffisamment gros pour qu'elles sautent aux yeux de tous. Parmi tant d'autres, le mot « Respect » est écrit en grand. Le respect des autres lui a dicté pendant le confinement, de baisser son salaire, et celui d'une soixantaine de cadres dirigeants, dans les mêmes proportions que les compagnons sur les chantiers qui étaient contraints au chômage technique. Le respect de l'environnement lui inspire une gestion écologique des chantiers, tandis que le respect de lui-même lui rappelle que l'on n'a qu'un corps, et qu'il faut l'entretenir. Il s'y astreint en pratiquant régulièrement du sport (course, vélo…). De la sorte, il est toujours disponible pour les autres et, en particulier, pour ses petits-enfants.

**– Brian Mikkelsen, président de la Chambre de commerce du Danemark.** C'est le premier ancien ministre parmi les dirigeants interviewés jusqu'ici. Il n'est pas à proprement parler un patron d'ETI. Son « entreprise » ne compte guère plus de 240 salariés. Son chiffre d'affaires est symbolique, mais son influence ne se mesure pas à ces critères. Un chiffre plus éloquent, il fédère 18 000 membres, dont les grands industriels de son pays qui compte quand même des fleurons mondiaux dans les secteurs du jouet, de la pharmacie, du transport maritime ou de la bière. En sa qualité de directeur de la Chambre danoise de commerce, il est écouté. Mais son aura vient aussi de son passé de politique. Il a été successivement ministre de la Justice, de la Culture et de l'Économie de son pays. Auparavant, il avait commencé dans la vie professionnelle comme économiste du fonds d'assurance chômage des travailleurs indépendants. Encarté au parti conservateur, il figurerait en France dans les rangs de la droite sociale, avec une sensibilité aux questions de libertés publiques et aussi d'éthique. Il a été pendant deux ans vice-président de l'agence mondiale antidopage.

**– Véronique Motte, présidente du groupe CPM France.** Sa fille aînée a fait le CFJ (Centre de Formation des Journalistes) et la cadette des études de production audiovisuelle. « Deux métiers de passion », souligne la dirigeante, indiquant par là le ressort principal qu'elle s'applique à insuffler à ses deux cents collaborateurs du siège et aux mille autres qui sillonnent en permanence le terrain. L'objet de CPM France est d'aider ses clients à optimiser leurs ventes. Pour cela, rien de tel que de comprendre les souhaits des consommateurs. Parfois, ces derniers ne savent pas ce qu'ils veulent. À d'autres moments, ils savent plutôt ce qu'ils ne veulent pas. Pour voir venir ces évolutions sociétales, Véronique Motte dispose de deux correspondantes particulièrement avisées : ses filles, et avec elles, leurs amis. C'est comme cela qu'elle a été convaincue très tôt que la requête écologique était une tendance lourde. Sa sensibilité aux mouvements des opinions lui a aussi fait comprendre que le retour au travail après le confinement ne se ferait pas comme s'il ne s'était rien passé. « Les désengagés le sont encore plus », observe-t-elle. Sa réponse chez CPM France réside dans la QVT (qualité de vie au travail). Les aménagements ont été repensés et de nombreuses initiatives ont vu le jour. Récemment, elle a été impressionnée par la réponse d'un client qu'elle cherchait à joindre. Ce dernier a décliné l'appel, parce qu'il était en « *me day* ». C'est un jour que l'employeur lui alloue à seule fin qu'il puisse s'occupe de lui-même.

– **Steve Olsen, P.-D.G. de Svendborg Brakes.** Filiale du groupe américain Altra Motion, l'entreprise danoise est innovatrice dans les configurations de freins industriels. Elle fait aussi figure de pionnière dans les systèmes de freinage hydraulique, de transmission de puissance et des produits de contrôle de mouvement. Elle trouve sa clientèle dans ses secteurs aussi variés que les innovantes énergies renouvelables et la traditionnelle exploitation minière, dans les grues de chantier, comme les foreuses pour le pétrole et le gaz. Avant d'occuper ses fonctions actuelles, Steve Olsen était directeur de la *supply chain*. À ce titre, il connaît particulièrement bien la Chine, où la société a ouvert une usine.

– **Véronique Pican, directrice générale de Equativ (ex-Smart AdServer France).** Parfois, au démarrage de sa vie professionnelle, on ne se rend pas compte que la première expérience est peut-être la bonne. On a trouvé sa famille professionnelle, mais on ne le sait pas encore. On n'arrive pas à faire la part des choses dans ses motifs de bonheur au travail : est-ce parce que c'est tout nouveau tout beau, ou bien parce qu'on apprécie de voir mises en œuvre des valeurs qui correspondent aux siennes, car on pense imprudemment qu'elles représentent le standard de toute organisation de travail. En démarrant au groupe Expansion, la dirigeante a eu la chance de se trouver deux modèles : Jean-Louis Servan-Schreiber et Jean Boissonnat. Elle en mesure encore maintenant tous les bienfaits. L'esprit insufflé par ces deux personnalités s'est répandu sur un nombre impressionnant de cadres de la maison. Certains occupent désormais des postes prestigieux de présidente d'une radio ou de directeur général d'un grand quotidien. Cela remonte à plus de trente ans, « mais nous ne passons pas une semaine sans nous voir », se réjouit l'ancienne directrice de publicité. Dans la presse écrite, elle fut l'une des premières à négocier le virage vers l'écran et le numérique. Bien lui en a pris. Elle dirige maintenant la filiale française de l'une des rares GAFAM indépendantes. Mais jamais elle n'oubliera ce que son premier contrat lui a appris sur le plan éthique et comportemental. Même s'il advient que les entreprises soient un jour métaverses, le moment sera encore plus important de promouvoir l'humain, comme le lui avaient enseigné Jean-Louis Servan-Schreiber et Jean Boissonnat.

**– Antoine Porcher, directeur général du groupe V and B.** Assez vite dans la conversation, notre jeune directeur général confie que s'il n'en tenait qu'à lui, il laisserait les jeunes travailler dès l'âge de 16 ans. Il parle en connaisseur. À cet âge, la scolarité ne lui procurait que du malheur et de la tristesse. Il ne retrouvait le sourire que le samedi après-midi, lorsqu'il aidait le compagnon de sa mère à remplir les fûts dans le business naissant qui allait devenir V and B.

V and B, comme Vins & Bières, ou plutôt comme l'association entre deux amis Emmanuel Bouvet et Jean-Pierre Derouet. Séparément, on va plus vite, mais ensemble, on va plus loin. Ils ont mis en commun leurs deux passions, et leurs métiers complémentaires de caviste et de brasseur. Le public ne s'y est pas trompé. En moins de vingt ans, le réseau de franchises de bars et caves a franchi la barre des deux cents magasins. Mais l'esprit des origines n'a pas varié d'un iota : la convivialité reste le maître mot. Dès lors quand travailler est un plaisir, on signe tout de suite, même quand on n'a que 16 ans.

À la petite quarantaine, Antoine Porcher a contribué à créer près d'un millier d'emplois. Il n'est pas dit que les premiers de la classe de son époque puissent en dire autant. Encore que la petite ville de Château-Gontier, en Mayenne, là où est installé le siège de la société, soit un berceau de personnalités plutôt enviées pour leur QI : c'est là qu'est née Claude Pompidou, ainsi que le journaliste politique Bruno Jeudy. Françoise Sagan y a été pensionnaire, de même que la réalisatrice Cécile Aubry (*Belle et Sébastien*). Et puis, pour en revenir à V and B, c'est là, et non à Paris, qu'a été expérimentée pour la première fois, la formule de l'afterwork.

**– Guillaume Réveilhac, président de Cérélia.** Rue Laffite, l'immeuble haussmannien semble voué à l'habitation. Pourtant, un étage héberge non seulement les bureaux parisiens de Cérélia, mais à l'intérieur de ce dernier, une cuisine d'essai qui s'étale dans des proportions dignes d'un grand hôtel. Une rangée de fours occupe tout un mur. C'est que les lieux ont plusieurs vocations. Les équipes sur place s'y restaurent certes, mais les services de R&D aussi, ceux du marketing également, pour présenter les nouveaux produits aux acheteurs de la grande distribution. Quiconque s'est acheté une pâte à pizza, des crêpes ou des cookies sans gluten a sans doute goûté à un produit Cérélia sans le savoir. Créée en 1974, l'entreprise emploie deux mille personnes. Elle est présente en Europe, en Amérique du Nord, en Chine et en Australie. Si la crise ukrainienne ne lui fait pas de bien, en raison des inquiétudes sur l'approvisionnement en céréales, elle ne fera pas renoncer le dirigeant à ses valeurs. Le respect de l'environnement est un de ses marqueurs forts. À titre personnel, depuis près de quarante ans, il est le dirigeant d'un groupement forestier afin de reconstituer des parcelles forestières dégradées et de protéger la biodiversité. La foi en l'homme et le respect du travail sont aussi très ancrés en lui. Il les a mis en correspondance dans un projet d'inclusion des personnes en situation de handicap. Enfin, ou peut-être, surtout, il ne cache pas qu'il est catholique pratiquant. Il cite souvent le pape François.

**– Bernard Reybier, président de Fermob.** L'été sera-t-il beau ? Chaque année, le dirigeant s'interroge. Il n'est pourtant pas agriculteur, mais il se pose les mêmes questions que les céréaliers ou les viticulteurs. Avec cette différence de taille toutefois, ses vœux ne convergent pas forcément avec les leurs. Trop de pluie terrera les consommateurs à l'intérieur de leurs résidences secondaires. Trop de chaleur, et ils n'auront pas forcément assez de leurs parasols pour se protéger. L'idéal est qu'il fasse bon. De toute façon, réchauffement climatique ou pas, le chiffre d'affaires de ce fabricant de mobilier métallique d'outdoor ne cesse de bondir, et cela dure depuis plus de trente ans. En outre, depuis quelques années, les risques liés à la saisonnalité sont estompés par le gain de clients institutionnels assez indifférents à la pluie ou au beau temps : Fermob équipe ainsi à l'année le bitume de Times Square à New York, les pelouses de Harvard, ou le parquet de l'espace réservé aux dignitaires dans la Cité interdite à Pékin.

Il n'en demeure pas moins que le respect de l'environnement a toujours été une ligne de conduite essentielle dans ses usines. L'aluminium y est recyclé à 95 % et la chaîne de peinture est garantie zéro rejet depuis vingt-cinq ans. L'ETI est également caractérisée par l'attention portée aux autres et par la joie de vivre. Ces deux principes sont inscrits dans la charte d'entreprise rédigée par son président Bernard Reybier, qui a fait écrire à l'entrée de son siège social, adossé à l'usine de Thoissey dans l'Ain, le mot magique entre tous : « Merci ! »

**– Marc Rocagel, président d'Options.** Après Arianespace, il est le principal employeur privé des Mureaux, cette ville des Yvelines où la diversité culturelle de ses habitants forme une véritable mosaïque.

À l'heure de la pause, de jeunes collaborateurs grillent une cigarette sur les marches d'entrée. Leur fierté d'appartenance et de travailler dans ce joli cadre saute aux yeux. La plupart d'entre eux voulaient revenir dans les bureaux pendant le confinement. On peut les comprendre.

« Ma plus grande récompense, confie le dirigeant de l'entreprise de huit cents personnes, c'est quand un client me dit : "Vos chauffeurs sont si gentils !" » Ce n'est pas une vaine expression dans sa bouche lorsqu'il proclame que « l'humain est l'actif le plus important ».

La méditation l'a beaucoup aidé pendant les coups durs récents, aux premiers rangs desquels une cyberattaque laisse encore des traces émotionnelles palpables. Sa femme, Valérie, est une spécialiste reconnue des neurosciences appliquées aux organisations de travail. Il ne cache pas sa joie qu'elle ait été sollicitée pour évacuer le stress chez les organisateurs de Paris Olympique 2024.

Mais sa plus grande fierté, c'est que la formation et le savoir de son épouse aident des rescapés du Bataclan à reprendre contact avec la vie.

**– Jean-Thomas Schmitt, directeur général du groupe Heppner.** Le siège social de Rosny-Sous-Bois est tout neuf, mais sur les murs, les photos noir et blanc des premières flottes de véhicules rappellent l'antériorité de l'entreprise de transport. Celle-ci en est à sa troisième génération de dirigeants. Sur un document, une remorque est même tirée par un cheval. Peut-être ce mode de locomotion redeviendra-t-il furieusement tendance ? Pour l'heure, la transition écologique plaiderait plutôt dans le groupe pour des flottes de véhicules roulant au gaz (GNV). Mais la traction hippomobile vient rappeler que la création de l'entreprise remonte à 1925. À l'origine, l'affaire était de dimension locale, et son champ d'action se limitait à l'Alsace. Tandis qu'à ce jour, elle s'étend sur 157 pays, à travers un maillage de 443 agences. C'est simple, près de la moitié de l'activité (44 %) s'effectue à l'international. Cela conduit son directeur général à multiplier les acquisitions : en Allemagne et en Espagne dernièrement. Le grand enjeu est de réussir la mutation digitale. Mais si l'activité de livraison et de messagerie doit prend une tournure virtuelle, cette dernière ne pourra faire oublier que l'activité, par essence, est concrète et présentielle. Jean-Thomas Schmitt ne risque pas de l'oublier. Même s'il est diplômé d'une très bonne école de commerce (l'EDHEC), sa véritable école fut de remettre d'aplomb, à 25 ans, une agence locale en difficulté. Depuis, il sait qu'il est à l'aise dans les périodes de crise, et que c'est le contact concret avec le terrain qui le lui a appris.

– **Eric Scotto, président d'Akuo Energy**. Sommes-nous au musée Branly, spécialiste des arts premiers, ou au musée Guimet, dédié à l'Asie ? Non, au siège de la société, sur les Champs-Élysées. Simplement, une rangée de statuettes africaines sur l'étagère devant la baie vitrée qui donne sur l'avenue, suggère le premier, tandis que le nom de la société fait penser au second. Sa sonorité rappelle un mot d'origine japonaise dont l'orthographe a été modifiée : Hakuhoo. Il fait référence à un oiseau mythologique qui renaît de ses cendres (le Phoenix blanc) et à la période impériale Hakuhō dite « période du Phénix blanc » qui a duré de 673 à 686. C'est une ère de renaissance qui s'ouvre aussi pour les sociétés qui, comme elle, s'intéressent à l'après-pétrole. La pertinence de son modèle économique était certes reconnue depuis plusieurs années, mais la crise énergétique liée à l'Ukraine a consacré ce dernier. Il est donc maintes fois sollicité par des chefs de gouvernement pour dupliquer dans leurs pays ce qu'il a réussi ailleurs. À savoir puiser dans les ressources indéfiniment renouvelables que sont le vent et le soleil, pour parvenir à une autonomie énergétique. À travers dix-huit filiales dans le monde, le groupe a réalisé une quarantaine de projets solaires, dix projets hydroélectriques, vingt projets éoliens et dix projets de stockage totalisant 298 millions d'euros de vente d'énergie en 2021.

– **Sunny Thakrar, ancien directeur général Groupe et directeur des opérations Groupe adjoint d'Algeco Ltd.** C'est le plus francophile des dirigeants anglais qui s'expriment dans ce livre. D'ailleurs, l'association de son nom à Algeco n'est-elle pas un signe ? L'entreprise est évidemment celle que nous connaissons bien en France. Elle a été vendue à un fonds d'investissement britannique. Et Sunny Thakrar a franchi le Channel à cette occasion, pour accompagner le changement et la transformation. Lui-même en est revenu transformé et changé. À l'écouter, les Français ne travaillent pas si mal. Surtout, ils respectent les professions manuelles et artisanales. Enfin, ils adoptent des attitudes correctes sur le lieu de travail. Formé par la comptabilité, Sunny est devenu un manager de transition et de transformation réputé au Royaume-Uni. Il a notamment sauvé le constructeur de vedettes de luxe Sunseeker. C'est là, notamment, qu'il a découvert les lacunes de ses compatriotes en matière de qualité des travaux d'exécution, en tout cas comparées à la formation que reçoivent nos jeunes apprentis. De même, l'expérience d'Algeco lui a fait comprendre que cela ne se fait pas, du moins en France, de se disputer publiquement avec un manager, surtout s'il est entouré de son équipe. Vérité ici, erreur au-delà, décidément, les différences culturelles auront toujours la vie dure. Mais sur un point, Sunny Thakrar se trouvera en fusion avec des millions de Français, c'est dans son plaisir d'aller assister à des matchs de foot. Il trouve là des vibrations qu'il ne rencontre nulle part ailleurs. Comme des dizaines et des dizaines de dirigeants français.

– **Dominique Tourneix, directeur général du groupe Oeneo.** Son père avait travaillé à Bruxelles dès la fondation de la CEE. De ce fait, il a bénéficié d'une scolarité spécifique aux enfants de hauts fonctionnaires. Il fréquentait un lycée dépendant directement des institutions européennes. Il a passé son enfance en compagnie de jeunes Néerlandais, Belges, Italiens. Ses cours d'histoire étaient dispensés en allemand et ceux de maths en italien. C'est pourquoi il se permet d'être sévère sur le niveau de maîtrise des langues pratiquées par ses compatriotes. Et il ne parle pas des langues lointaines comme le russe ou le japonais, mais simplement l'espagnol, l'allemand, le portugais… C'est cette même fibre qui le rend encore plus sévère à l'égard de certains politiques français qui ont pu prôner un temps une sortie de l'euro. « D'autant que j'ai la chance de facturer 98 % de mes ventes en euros, même quand j'exporte aux États-Unis ou dans la plupart des régions du monde. Sans la monnaie européenne, l'entreprise disparaîtrait. »

Tandis qu'au contraire, elle ressort renforcée de chaque crise, grâce à un positionnement de qualité qui renchérit d'autant le ticket de passage d'un nouvel entrant. Mais on peut être leader mondial et rester fidèle au terrain. Le directeur général n'est jamais autant dans son élément qu'au plus proche des hommes et des femmes, qui contribuent à la perfection du produit. Il a si bien réussi avec les bouchons que son actionnaire principal, la famille Hériard-Dubreuil lui a demandé de s'occuper aussi de la filiale de fabrication des tonneaux pour le cognac.

**– Anders Uddfors, directeur général de Lernia**. Heureux celui qui peut dire, à l'exemple de ce dirigeant atypique, qu'il est davantage « orienté vers les solutions que vers l'expansion des problèmes ». Cette démonstration de savoir-être est un atout psychologique. Atypique, il l'est par son itinéraire et sa fonction actuelle. Il sort quelque peu du cadre des ETI qui forment le corpus de ce livre. L'entreprise qu'il dirige appartient à l'État suédois, et elle est spécialisée dans la réadaptation scolaire. Société d'intérim, elle intervient principalement auprès de personnes en grave difficulté d'insertion. C'est là que sa conformation psychologique fait merveille, quand lui trouve des réponses à ce qui apparaît insoluble à d'autres. Physiquement, pour faire de son corps un allié, il se rend trois fois par semaine au gymnase. Autre secret pour garder la forme : « Je marche avec mon chien et j'entretiens de bonnes relations avec ma famille et mes amis. » Parallèlement, son expérience de dirigeant lui sert. Il a occupé des fonctions de président de société dans des secteurs aussi divers que la banque, l'intérim, la formation. Il se maintient au contact des évolutions en siégeant dans plusieurs conseils d'administration : Origo Group (recherche), Fabi (recrutement), Svensk Inkasso (recouvrement de créances), Armeda GmbH (équipement médical) et Nordea Bemanning (recrutement de personnel bancaire).

**– Jani Vahvanen, président de Schneider Electric en Finlande.** S'interroger sur ce que l'on peut apporter à la société, avant de se préoccuper de ce qu'elle peut vous apporter, le dirigeant finlandais en a fait sa ligne de vie philosophique. Souvent, il aimerait qu'elle soit davantage partagée par les salariés. En tout cas, pour lui, le sens de sa vie professionnelle est trouvé : « Travailler dans une entreprise qui se concentre sur la résolution du dilemme énergétique mondial joue un rôle crucial dans ma vie. » Physiquement, il s'y prépare en s'autorisant à se donner du temps rien qu'à lui : « Je trouve important d'être suffisamment égoïste et de prendre du temps pour des passe-temps, comme les sports nautiques en été et le ski en hiver. » Intellectuellement, il déclare « chercher activement à rencontrer des professionnels de différentes industries, avec des défis différents et des parcours variés ». Et de préciser : « La discussion avec des personnes qui ont des opinions totalement différentes des miennes me stimule. Elle m'oblige à regarder les choses hors des sentiers battus. C'est ainsi que je peux m'améliorer comme leader. » Psychologiquement, il reste en contact permanent avec son équipe de gestion. « Les conversations avec les autres sont pour moi un moyen de soulager le stress. J'améliore simultanément la coopération au sein du groupe et j'obtiens des commentaires et un soutien pour mes propres plans et actions. »

**– Alexander Wallsten, P.-D.G. de Ansvar Säkerhet.** Il fut le premier de nos interviewés à prédire une intervention militaire aux portes de l'Europe. Sa formation et son métier n'y sont pas certainement pas étrangers. Il a fondé la principale société en Suède d'analyse des risques pris par les entreprises en matière de sécurité. Il a constitué autour de lui une équipe d'analystes qui vérifient l'état des lieux en matière de conditions de travail, de sécurité informatique et de porosité au crime organisé. Il intervient principalement dans les secteurs de l'immobilier, de la construction, du transport, du nettoyage et toutes les industries à forte intensité de personnel. Son expérience, il l'a acquise durant ses années passées à l'Armée, où il analysait les risques encourus par les forces militaires de son pays en matière de sécurité. Il auditait aussi leur qualité opérationnelle. Son savoir-faire lui vaut d'être sollicité pour siéger dans des conseils d'administration, en particulier celui de PostNord (solutions logistiques nordiques), du transporteur DB Schenker et de Sectyne (sécurité informatique et réseau).

**– Russell Ward, P.-D.G. de RW holding.** Cet homme adore tellement la voile que l'on peut se demander s'il n'a pas organisé sa vie autour de sa passion. Réputé pour son professionnalisme dans les restructurations d'entreprise, il est président non exécutif de plusieurs sociétés. Parallèlement, il est à la tête de sa propre holding et les deux lettres RW ne sont autres que ses initiales. Il nous apprend avec gourmandise sa lecture du moment. « Je suis en train de lire *Superdocious* de Rodney Pattisson ». *Superdocious* était le nom de son bateau. En réalité, il était bien plus long, puisque c'est la formule magique de Mary Poppins dans le film du même nom : elle commençait par « Supercalifragilistic », et se terminait par « docious ». La frise de syllabes s'enroulait autour de la coque de son dériveur. En effet, rappelle Russell, « Rodney a été trois fois médaillé d'or olympique dans la série Flying Dutchman. C'est assez drôle de voir les techniques qu'il employait dans les années 1960, 1970 qui sont toujours pertinentes aujourd'hui ». Pour situer le niveau de sa passion, actuellement, il suit un cours en ligne, avec quelques camarades, qui, chaque semaine, font venir un champion olympique de voile du monde entier pendant une heure pour le questionner. « Il s'appelle Road to Gold et beaucoup d'olympiens y participent chaque semaine. C'est un cours structuré qui est en ligne, mais il y a aussi cette session chaque semaine, et c'est fantastique, parce que vous avez des gens comme Ben Ainsley ou Robert Schist qui y participent. Vous pouvez poser des questions directes, et ces gars qui ont obtenu des médailles d'or et des victoires à des championnats du monde vous répondent. »

**– Anders Wilhjelm, P.-D.G. de Norican Group.** En septembre 2008, Wheelabrator Group et DISA Group ont fusionné pour former Norican Group, un fleuron danois de la sous-traitance industrielle en produits métalliques. C'était l'union de deux leaders de l'innovation partageant plus de deux siècles d'histoire. D'emblée, le nouveau groupe a pu compter sur un portefeuille de 10 000 clients dans cent pays et au sein de toutes les industries nécessitant des pièces métalliques : l'industrie automobile, en premier lieu, mais aussi l'aérospatiale, l'agriculture et le terrassement, le bâtiment, l'énergie marine, le médical et l'éolien. Qu'il s'agisse d'une large application technique comme le grenaillage (qui touche la plupart des industries que nous avons servi) ou d'une application plus ciblée telle que les applications de moulage à grande vitesse pour les fonderies de fer du monde entier, Norican était le partenaire de choix de la plupart des clients dans le monde. C'est ce qui a inspiré son P.-D.G. pour en prendre les rênes. Lui qui était passé par le MIT à Boston, il savait la pépite qui se cache derrière ce nom.

**– Isabelle Xoual, associée gérante de Lazard.** Certaines révolutions sont silencieuses ou invisibles, elles n'en sont pas moins spectaculaires. À la faveur d'un déménagement, la discrète banque d'affaires avait décidé de laisser entrer la lumière, grâce à une architecture en patio qui permet d'inonder les étages des bienfaits du soleil. Mais le coronavirus a précipité la mue. Pendant le confinement, les méthodes de travail ont changé. Les visioconférences ont permis d'associer la totalité des équipes aux échanges avec les clients. Ces derniers ont été surpris de découvrir qu'autant de personnes s'occupaient d'eux. Au retour au présentiel, la méthode collective était devenue irréversible, d'autant que la disposition des bureaux s'y prêtait. Un état d'esprit nouveau s'est imposé, fait de confiance, de flexibilité, mais aussi d'exigence. Tout cela convient à l'associée gérante, qui fêtera bientôt son quart de siècle de présence dans la banque. Mais le temps a passé si vite : « Chaque début d'année, il est impossible de prédire de quoi seront faits les prochains mois, et c'est justement cela qui me plaît. » OPA hostile à contrer, restructurations à concevoir et mettre en œuvre, une fois les chantiers lancés, il faut faire corps avec le client et cela aussi est un aspect plaisant du métier. Si la pression professionnelle est trop forte, cette mère de quatre enfants sait se réserver des « havres de sérénité ». Elle peut alors s'adonner à son délassement favori : danser les claquettes.

**– Samuel Zouaghi, président de Cryostar.** Ce jour-là, il a décidé de ne pas lâcher l'affaire. Sa fille était en CM2. Elle revient de l'école, un mardi soir, plutôt contrariée. Pourtant, la perspective de rester à la maison le lendemain devrait lui plaire. Cependant, sa maîtresse lui a confié une note de lecture à rédiger, à partir d'un livre qui aurait pu s'intituler « les mauvais patrons ». Le père de l'héroïne vient d'être licencié, et l'auteur fait dire à son personnage : « Les patrons, c'est comme ça. » Alors que, plus tôt dans la conversation, le dirigeant nous avait confié : « Un licenciement, cela doit rester grave, il faut que cela empêche de dormir, un cérémonial doit être installé, pour montrer à quel point on respecte la personne à l'encontre de qui cette décision est prise. » Mais en plus, c'est le fils d'enseignant qui était révulsé que l'Éducation nationale puisse propager de telles horreurs. Ni une ni deux, dès le jeudi, il allait voir l'institutrice, charmante, qui a tout de suite accepté que Samuel vienne présenter ce qu'est une entreprise et un dirigeant. « J'ai dessiné sur le tableau toutes les fonctions de l'entreprise, en reprenant les idées lancées par les élèves. À la fin, ils ont fini par admettre qu'un dirigeant fait partie de l'équipe et est aussi nécessaire qu'un pilote dans un avion, ou qu'une institutrice dans une classe. » Mais il n'a pas oublié cet épisode. Depuis, il siège à la commission jeunesse du Centre des Jeunes Dirigeants. Et il reçoit régulièrement des classes, par groupes de quinze élèves. Pour donner aux jeunes la connaissance, la confiance et l'envie. Un mot qui ne nous est pas inconnu dans ce livre.

# Annexe.
# Le questionnaire soumis à chacun des interviewés

## 1– Le contexte général

### *A – Les mutations récentes*

Le grand enseignement de la première édition de l'ouvrage était l'indispensable quête de sens, exprimée par tous les acteurs de l'entreprise. Selon vous, d'autres exigences se sont-elles manifestées depuis : du côté des vos clients, des pouvoirs publics, des salariés, chez les actionnaires ? De votre part, en tant que dirigeant ?

### *B – Les enjeux à venir*

Quels sont les plus grands défis à venir selon vous :

– en règle générale (conversion environnementale, nouvelle donne géopolitique, transformations technologiques, aspirations nouvelles des salariés, etc.)

– dans votre univers professionnel en particulier ?

## 2– Vos défis personnels de leader

Dans le contexte évoqué plus haut,

### *A – Comment vous y préparez-vous professionnellement ?*

a – Leadership : quelle est votre définition actuelle du leadership. A-t-elle évolué au cours des derniers mois, ou au contraire, il existe selon vous les invariants à la notion de leadership qui se sont trouvés renforcés ?

b – Stratégie : comment vous assurez-vous de la justesse de votre cap ?

c – Management : les outils indispensables, votre modèle en cinq mots clés.

***B – Comment vous y préparez-vous personnellement ?***

a – physiquement (hygiène de vie, décompression par quelle activité ?)

b – intellectuellement (lectures inspirantes, rencontres, autres)

c – psychologiquement (gestion du stress et des émotions)

d – philosophiquement (vos valeurs éthiques)

# Index

## R



## S



## T

# Table des matières

Mise en page LEN

Achevé d'imprimer en septembre 2022 par LEN S.A.S. – 93400 St Ouen
Dépôt légal : septembre 2022
Imprimé en France